Enfrentando a audiência

Dados Internacionais de Catalogação na Publicação (CIP)
Câmara Brasileira do Livro, SP, Brasil

Dilts, Robert
    Enfrentando a audiência / Robert B. Dilts [tradução Heloisa de Melo Martins-Costa]. São Paulo : Summus, 1997.

    Título original: Effective presentation skills.
    Bibliografia.
    ISBN 978-85-323-0572-5

    1. Apresentações empresariais   2. Programação neurolingüística   I. Título.

96-4931   CDD-658.45

Índices para catálogo sistemático:
1. Apresentação : Administração de empresas   658.45

www.summus.com.br

EDITORA AFILIADA

Compre em lugar de fotocopiar.
Cada real que você dá por um livro recompensa seus autores
e os convida a produzir mais sobre o tema;
incentiva seus editores a encomendar, traduzir e publicar
outras obras sobre o assunto;
e paga aos livreiros por estocar e levar até você livros
para a sua informação e o seu entretenimento.
Cada real que você dá pela fotocópia não autorizada de um livro
financia o crime
e ajuda a matar a produção intelectual de seu país.

Enfrentando a audiência

RECURSOS DE PROGRAMAÇÃO
NEUROLINGÜÍSTICA PARA APRESENTAÇÕES

Robert Dilts

summus
editorial

Do original em língua inglesa
EFFECTIVE PRESENTATION SKILLS
Copyright © 1994 by Meta Publications
Direitos desta tradução adquiridos por Summus Editorial

Tradução: **Heloisa de Melo Martins-Costa**
Revisão técnica: **Allan Ferraz Santos Jr.**
Capa: **Nelson Mielnik/Acqua Estúdio Gráfico**

Summus Editorial
Departamento editorial
Rua Itapicuru, 613 – 7º andar
05006-000 – São Paulo – SP
Fone: (11) 3872-3322
http://www.summus.com.br
e-mail: summus@summus.com.br

Atendimento ao consumidor
Summus Editorial
Fone: (11) 3865-9890

Vendas por atacado
Fone: (11) 3873-8638
e-mail: vendas@summus.com.br

Impresso no Brasil

SUMÁRIO

Agradecimentos   9
Prefácio   11
Objetivos do Livro   13

Parte Um   Princípios Básicos da Apresentação Eficaz 15

      Objetivos da Parte Um   16

**CAPÍTULO 1   O "ESPAÇO-PROBLEMA"
DA APRESENTAÇÃO EFICAZ**   19
Técnicas de Apresentação e Aprendizagem Organizacional   21
"Espaço-Problema" da Apresentação num Contexto de
    Aprendizagem   24
Melhoria das Técnicas de Apresentação   28

CAPÍTULO 2   PLANO BÁSICO DE APRESENTAÇÃO   34
Macroestrutura de Experiência e Aprendizagem:
    o Modelo TOTS   35
Influência de Diferentes Níveis de Experiência na Aprendizagem   40
Definição da Estrutura Básica da Apresentação   46
Planejando uma Apresentação Eficaz   48

**CAPÍTULO 3   EXAMINANDO DIFERENTES
SISTEMAS REPRESENTACIONAIS**   52
Representando Conceitos e Idéias   53
Outros Tipos de Estratégias Representacionais   58
Criando Múltiplas Perspectivas   63

**CAPÍTULO 4   ESTRATÉGIAS PARA PLANEJAR
EXPERIÊNCIAS DE REFERÊNCIA**   66
Processos Básicos de Aprendizagem   67
Tipos de Experiências de Referência   74
"Ancoragem" de Experiências de Referência   76
Estabelecendo e Ancorando Experiências de Referência   82

Parte Dois Estratégias para Criação e Implantação de Apresentações Eficazes 87

Objetivos da Parte Dois 89

CAPÍTULO 5 AVALIAÇÃO DO PÚBLICO 91
Alguns Pontos Relacionados a Apresentações Eficazes 92
Aplicações de Técnicas de Observação na Comunicação 94
Pistas Microcomportamentais 96
Avaliação do Público 98

CAPÍTULO 6 TÉCNICAS RELACIONAIS BÁSICAS 102
Estabelecendo *Rapport* com o Grupo 103
Posições Perceptivas Básicas na Comunicação e nos
    Relacionamentos 109
Estabelecendo *Rapport* com o Grupo por Intermédio da
    Segunda Posição 111

**CAPÍTULO 7 DESENVOLVENDO TÉCNICAS DE
    COMUNICAÇÃO NÃO-VERBAL** 114
Mensagens e Metamensagens 115
Técnicas Básicas de Comunicação Não-Verbal para Fazer
    Apresentações Eficazes 117
Uso de Pistas Microcomportamentais 121

**CAPÍTULO 8 AVALIAÇÃO E CONTROLE DO
    SEU PRÓPRIO ESTADO INTERNO** 125
Desempenho Efetivo e Estados Mentais 126
"Círculo de Excelência": Análise Microcomportamental 129

**CAPÍTULO 9 FASES DO PLANEJAMENTO DE
    UMA APRESENTAÇÃO** 135
Fases do Planejamento 136
A Fisiologia e o Ciclo Criativo 139
Condições de Boa Formulação de um Plano 141
Planejamento de uma Apresentação 143

Parte Três Controle dos Aspectos Interpessoais de uma Apresentação 149

Objetivos da Parte Três 151

CAPÍTULO 10 ADMINISTRAÇÃO DAS INTERAÇÕES COM O GRUPO — 153

Orientação do Grupo — 154
Tipos de Processos de Grupo e Níveis de Experiência — 158
Atitudes Básicas e Filtros de Experiência: Metaprogramas — 161
Identificação dos Estilos Mentais Básicos — 164
Técnicas de Gerenciamento de Grupo — 166
"Recapitulação" e Escuta Ativa — 169
Técnicas de Linguagem Orientadas para o Processo — 171
Acompanhamento e Condução Durante a Discussão em Grupo — 174

CAPÍTULO 11 LIDANDO COM RESISTÊNCIAS OU INTERFERÊNCIAS — 179

Motivação e Resistências com Respeito à Aprendizagem — 180
Técnicas Relacionais e de Comunicação para Lidar
com Resistências e Interferências — 183
Alguns Princípios para Lidar com Resistências e Interferências — 186
Fazer Observações ao Grupo — 188
Lidar com as Diferentes Formas de Pensar do Grupo — 192

CAPÍTULO 12 CONCLUSÃO — 196

Princípios de Apresentações Eficazes — 196

Bibliografia — 203

Este livro é dedicado a John Grinder
e a Richard Bandler com quem aprendi
a arte e o prazer de fazer apresentações;
e a Todd Epstein que me ajudou
a transformar esta arte em ciência.

Agradecimentos

Agradeço ao meu colega e colaborador Gino Bonissone que participou ativamente da criação da metodologia pedagógica básica descrita neste livro e organizou o projeto a partir do qual ele foi concebido.

Gostaria, também, de agradecer a Ivanna Gasperini por sua valiosa ajuda e apoio teórico e prático.

Manifesto minha gratidão a Paulo DeNucci e a muitas pessoas da Italian National Railways que levaram tão a sério a missão de transformarem a sua empresa em uma "organização que aprende".

Por fim, gostaria de agradecer a Michael Pollard que trabalhou comigo de forma ativa neste e em outros projetos para me ajudar a expressar as minhas visões.

Prefácio

O material deste livro foi reunido a partir de um conjunto de seminários preparados para a Italian National Railways como parte dos seus esforços para se tornar uma "organização que aprende". O sistema de seminários compreendia quatro cursos, formando um programa de treinamento completo:

1. Técnicas de Relacionamento e Comunicação para Apresentadores;
2. Técnicas de Relacionamento e Comunicação para Professores;
3. Técnicas de Relacionamento e Comunicação para Instrutores; e
4. Técnicas e Estratégias de Avaliação para Instrutores.

Este livro tem origem no material de apoio usado no primeiro dos quatro cursos sobre técnicas de relacionamento e comunicação para apresentadores eficientes. Os leitores que já conhecem meu livro *Skills For the Future* poderão observar algumas sobreposições entre alguns conceitos e processos que nele são indicados e que são citados neste trabalho. Em vez de redundantes, considero que as semelhanças irão ajudar o leitor a melhor compreender e aplicar os modelos e técnicas apresentados.

Este livro é composto de 12 capítulos que enfatizam vários aspectos importantes da metodologia da comunicação e das relações interpessoais no contexto de uma apresentação. O livro foi dividido em três partes que enfatizam a dimensão básica da criação, da avaliação e da composição de apresentações eficazes.

A estrutura deste trabalho pretende fundamentar as pressuposições, os princípios e os métodos de aprendizagem e apresentação nos quais foram baseados. Cada capítulo começa com um esboço que inclui os principais objetivos e os títulos das seções que serão apresentadas. Cada seção contém: 1) o material conceitual básico e/ou a atividade pedagógica daquela seção; e 2) um resumo da seção, sob a forma de *storyboard*[*] e seus pontos principais.

---

[*] *Storyboard*: desenhos que indicam a seqüência de filmes de cinema, vídeo etc. Às vezes, os diálogos são incluídos. (N. da T.)

Nesse contexto, o *storyboard* inclui as idéias e conceitos essenciais da seção, organizados como se fossem uma transparência utilizada durante um curso ou apresentação. Os "pontos principais" são uma tentativa de reunir as idéias e conceitos mais importantes apresentados em cada seção. Neles estão resumidos e incluídos os microobjetivos de aprendizagem daquela seção, de forma simples e direta.

Essa estrutura permite que o leitor escolha ter acesso à essência de cada seção, se já estiver familiarizado com os conceitos ou desejar avançar mais rapidamente. A leitura dos *storyboards* e dos pontos principais permitirá uma visão geral, porém bastante abrangente, de cada uma das seções.

Objetivos do Livro

Neste livro, temos por objetivos focalizar a comunicação e as técnicas relacionais para profissionais que trabalham em contextos de aprendizagem. O objetivo básico do trabalho é: 1) fornecer uma estrutura cognitiva e racional das estratégias de comunicação necessárias a apresentações eficazes; e 2) fornecer algumas técnicas e estratégias para gerenciar os aspectos interativos e relacionais do contexto de apresentação. Essas técnicas e estratégias se referem a:

- definir metas e objetivos claros;
- controlar diferentes estilos de aprendizagem; e
- lidar com motivações e diferentes resistências.

Como ênfase principal este livro terá a aplicação dessas técnicas e estratégias a fim de facilitar as atividades essenciais do apresentador no contexto de aprendizagem. Ou seja, mais especificamente:

- a criação das apresentações;
- a seleção ou criação do material adequado;
- apresentações realmente eficazes;
- lidar com as perguntas do público; e
- organizar discussões em grupo.

Para obter-se um resultado efetivo com essas atividades é necessário compreender e saber controlar a relação entre: a) comunicação; b) estilos de pensamento; c) processos de aprendizagem; e d) dinâmica de grupo.

Estrutura Geral do Livro

A estrutura geral deste livro começa na Parte Um, com a apresentação de alguns dos princípios, estruturas e modelos primários básicos de formação de uma estratégia de comunicação. A Parte Dois trata da aplicação desses princípios e modelos para a elaboração dos tópicos, lições e criação da fase de conceituação e planejamento da apresentação. A Parte Três discute as questões de motivação, relacionamento, resistência e aspectos altamente interpessoais da apresentação.

Objetivos do Livro

Os objetivos básicos deste livro são: 1) fornecer condições e princípios gerais para permitir apresentações eficazes; e, ao mesmo tempo, 2) indicar um grupo de distinções, vocabulário e modelos operacionais que incentivem a percepção e a flexibilidade de controle de uma diversidade de tipos de: a) tarefas de aprendizagem; b) estilos de aprendizagem; e c) contextos de aprendizagem.

A fim de atingir esses objetivos, será necessário:

1. estabelecer uma estrutura do processo de aprendizagem, do ponto de vista do aluno e também do instrutor;
2. examinar alguns princípios e estratégias relacionados ao processo de aprendizagem e à metodologia educacional;
3. desenvolver estratégias para lidar com a diversidade de tarefas e características relacionais que surgem em contextos de aprendizagem. A estratégia de comunicação engloba as tarefas que devem ser feitas, mas também deve incluir a ligação entre as pessoas envolvidas no processo de aprendizagem; e
4. tentar lidar com uma grande diversidade de estilos de aprendizagem; não apenas os estilos de raciocínio, mas tipos diferentes de motivações e atitudes a respeito da aprendizagem.

Algumas dessas atividades são mais voltadas para o campo cognitivo, porque o desenvolvimento de uma estratégia de comunicação envolve conceituação e análise. Outras atividades serão altamente interativas e incluirão a prática comportamental, por meio da simulação de contextos de aprendizagem, e a de representação de técnicas e modelos diferentes, a fim de poder criá-los. A apresentação e a aprendizagem envolvem a ativação do sistema nervoso não apenas por meio de ações, como também pela linguagem. Portanto, será muito proveitoso reunir-se com outras pessoas para estudar e colocar em prática o material aqui apresentado.

PARTE UM

Princípios Básicos da Apresentação Eficaz

O "Espaço-Problema" da Apresentação Eficaz

Plano Básico de Apresentação

Examinando Diferentes Sistemas Representacionais

Estratégias para Planejar Experiências de Referência

Objetivos da Parte Um

Princípios Básicos da Apresentação Eficaz

Os objetivos da Parte Um são:

1. Fornecer a base para se compreender o processo de aprendizagem e o ensino de maneira geral e indicar o significado das técnicas de comunicação e de relacionamento.

2. Examinar e definir os elementos básicos da aprendizagem: a) para cada pessoa; b) entre as pessoas; e c) para os grupos.

3. Desenvolver: a) vocabulário; b) conceitos; e c) modelos para dar suporte e estrutura a diferentes processos e estilos de aprendizagem.

4. Definir e aplicar alguns princípios e métodos específicos para melhorar a eficácia das apresentações.

A Parte Um é composta de quatro capítulos:

Capítulo 1 O "Espaço-Problema" da Apresentação Eficaz
Definir alguns elementos-chave de apresentações efetivas e ajudar o leitor a: 1) desenvolver a percepção da sua competência consciente e inconsciente em relação a apresentações; e 2) evocar e observar esses processos em outras pessoas.

Capítulo 2 Plano Básico de Apresentação
Introdução de um conjunto de modelos e distinções que ajudarão o leitor a identificar vários níveis de estrutura das suas técnicas e estilos de apresentação e definir princípios relacionados à criação de apresentações eficazes.

Capítulo 3 Examinando Diferentes Sistemas Representacionais
Fornecer estratégias e métodos de representação de conceitos, idéias e informações e examinar a influência do uso de diferentes canais de representação durante uma apresentação.

Capítulo 4 Estratégias para Planejar Experiências de Referência
Examinar maneiras de transferir conhecimento e técnicas do contexto de apresentação para a realidade do aluno, por meio da ligação ou da "ancoragem" de mapas cognitivos a experiências referenciais relevantes.

Pressuposições

O material da Parte Um baseia-se em um conjunto de *pressuposições* sobre a aprendizagem e a apresentação.

A aprendizagem é um processo natural e contínuo que possui uma estrutura, definida por meio da interação de mapas cognitivos e de experiências de referência que dão a esses mapas um significado prático.

A aprendizagem e o ensino são essencialmente um processo de enriquecimento de mapas cognitivos de uma tarefa, idéia ou conceito específicos, que vão possibilitar a ligação entre esses mapas e experiências de referência, a fim de aumentar a flexibilidade e a competência comportamental que se tem em relação a objetivos a serem atingidos e a reação às dificuldades que possam vir a surgir.

A competência consciente depende basicamente do mapa cognitivo que a pessoa tem a respeito de uma tarefa, conceito ou idéia específica. A competência inconsciente depende do tipo e do número de experiências de referência que a pessoa tem em relação a uma tarefa, conceito ou idéia específica.

Existe um ciclo natural e racional dentro do processo de aprendizagem. Os processos naturais de aprendizagem estão ligados ao desenvolvimento da competência inconsciente. Os processos de aprendizagem racional estão ligados ao desenvolvimento da competência consciente.

A compreensão da estrutura dos mapas cognitivos e o relacionamento destes últimos com as experiências de referência possibilitam modelar e desenvolver técnicas e métodos que podem melhorar, de maneira prática, tanto o nível consciente quanto o inconsciente.

Um dos objetivos da apresentação efetiva é ajudar o aluno a ampliar suas percepções e seus mapas cognitivos do "espaço perceptivo" de uma idéia, conceito ou tarefa específica, do ponto de vista de representação dessa idéia ou tarefa e de suas pressuposições básicas. Outro objetivo é criar e enriquecer as ligações que os mapas cognitivos têm com os diversos tipos de experiências de referência.

1

O "ESPAÇO-PROBLEMA" DA APRESENTAÇÃO EFICAZ

Estabelecer as estruturas básicas de definição e exame das técnicas de apresentação efetivas, com referência:

1) à criação de mapas cognitivos;
2) à criação de experiências de referência relevantes;
3) ao desenvolvimento da percepção da competência consciente e inconsciente, dentro do contexto de apresentações; e
4) a evocar e observar esses processos em outras pessoas.

- **Técnicas de Apresentação e Aprendizagem Organizacional**

- **"Espaço-Problema" da Apresentação num Contexto de Aprendizagem**

- **Melhoria das Técnicas de Apresentação**

Técnicas de Apresentação e Aprendizagem Organizacional

Todos nós, em algum momento de nossas vidas, fomos chamados a fazer uma apresentação na escola, em um contexto social ou profissional. Na realidade, as exigências da "era da informação" tornam cada vez mais necessário e normal que tenhamos de fazer apresentações no contexto de nossas atividades profissionais e sociais.

Uma apresentação efetiva exige que sejamos capazes de nos comunicar e nos relacionar com outras pessoas. Tratam-se de técnicas elementares que, no entanto, não nos são ensinadas na escola ou durante nossa formação profissional. O objetivo deste livro é ensinar algumas das técnicas relacionais e de comunicação práticas, necessárias para preparar apresentações eficazes.

Normalmente, uma apresentação tem quatro objetivos:

1) informar os outros;
2) entreter os outros;
3) ensinar aos outros; e
4) motivar os outros.

O objetivo de *informar* os outros é dar a eles informações ou conhecimentos básicos, geralmente sob a forma de algum tipo de "mapa" cognitivo. O objetivo de *entreter* os outros é criar uma experiência positiva ou colocar as pessoas em um "estado" positivo. O objetivo de *ensinar* aos outros é fazer a ligação entre o conhecimento e a informação, usando comportamentos e experiências de referência importantes que serão necessários para colocar o conhecimento e a informação em prática. O objetivo de *motivar* os outros é fornecer um contexto ou um incentivo que dê significado ao conhecimento, às experiências e comportamentos, de tal forma que as pessoas sejam levadas a agir. É claro que muitas apresentações incluem componentes de alguns ou de todos esses objetivos.

Embora as técnicas deste livro sejam importantes para todos os tipos de apresentação, o enfoque principal são as pessoas que devem fazer apresentações em contextos profissionais, em particular aquelas cujo escopo é o ensino e o treinamento, relacionadas à aprendizagem organizacional. Embora isto, evidentemente, inclua instrutores e professores profissionais, também abrange gerentes, consultores e outros profissionais que precisam compartilhar conhecimento e informação.

Parte da missão deste livro é embasar o desenvolvimento das organizações que desejam tornar-se "organizações que aprendem".

O Surgimento da "Organização que Aprende"

A fim de acompanhar as rápidas mudanças da tecnologia e da sociedade, surgiu um novo conceito e compreensão da aprendizagem na organização. Os avanços acelerados dos métodos de administração, tecnologia e gerenciamento tornaram claro que a capacidade de aprender, tanto no plano individual como no empresarial, é uma necessidade constante para que as empresas possam sobreviver e progredir. As empresas e outros sistemas sociais começam a perceber que a aprendizagem efetiva deve ser um processo de incremento, voltado para objetivos, com uma estrutura, e que as necessidades constantes de aprendizagem de um sistema complexo exigem organização e esforços contínuos. Esta percepção ensejou o aparecimento do conceito da "organização que aprende".

Uma efetiva "organização que aprende" é aquela que apóia o processo de aprendizagem em todas as suas dimensões — incentivando a *aprendizagem do aprendizado*. Isso pressupõe a compreensão e a valorização básicas do processo de aprendizagem. Uma efetiva organização que aprende precisa fornecer uma estrutura não apenas para os professores e alunos, mas para qualquer pessoa que esteja envolvida, dentro da empresa, nos contextos de aprendizagem.

De acordo com Peter Senge (1990), existem cinco "disciplinas" que precisam ser praticadas por todos os funcionários de uma empresa para que ela se torne, verdadeiramente, uma "organização que aprende":

1. conscientização e análise de pressuposições e mapas mentais;
2. desenvolvimento das habilidades pessoais;
3. desenvolvimento da visão;
4. aprendizagem em equipe; e
5. pensamento sistêmico.

As técnicas de apresentação discutidas neste livro pretendem abordar e facilitar cada uma dessas "disciplinas".

Resumo das Técnicas de Apresentação e Aprendizagem Organizacional

---

OBJETIVOS GERAIS DA APRESENTAÇÃO

- **Informar**
  Fornecer informações básicas e conhecimento

- **Entreter**
  Criar uma experiência positiva para as pessoas ou colocá-las em um "estado" positivo

- **Ensinar**
  Relacionar o conhecimento e a informação a comportamentos e experiências de referência relevantes

- **Motivar**
  Fornecer um contexto ou incentivo que dê significado aos comportamentos, experiências e conhecimento

O enfoque deste livro são as apresentações feitas com objetivo de treinamento e formação, ou seja, relacionados à aprendizagem dentro da empresa.

Pontos Principais

Geralmente, existem quatro objetivos diferentes em uma apresentação: 1) informar; 2) entreter; 3) ensinar e 4) motivar. As apresentações envolvem uma composição de alguns ou de todos esses objetivos.

AS CINCO DISCIPLINAS DE UMA EMPRESA QUE APRENDE, SEGUNDO SENGE

1. Conscientização e análise de pressuposições e mapas mentais.
2. Desenvolvimento das habilidades pessoais.
3. Desenvolvimento da visão.
4. Aprendizagem em equipe.
5. Pensamento sistêmico.

Pontos Principais

Uma efetiva "organização que aprende" é aquela que apóia o processo de aprendizagem em todas as suas dimensões — incentivando a *aprendizagem do aprendizado*. Algumas características importantes das organizações que aprendem foram definidas como:

1. ajudar as pessoas a desenvolver e aplicar pensamento sistêmico básico e técnicas de solução de problemas;
2. orientar as pessoas a aprenderem mais a respeito dos seus mapas mentais, pressuposições e estratégias cognitivas, a fim de desenvolver suas habilidades pessoais; e
3. aumentar a coordenação e a aprendizagem em equipe.

"Espaço-Problema" da Apresentação num Contexto de Aprendizagem

Em um contexto de aprendizagem, a apresentação eficaz inclui a interação entre o apresentador, o público ou os alunos, e o material a ser aprendido e as ferramentas que vão dar suporte ao material e à tarefa.

Portanto, o "espaço-problema" básico da apresentação inclui o relacionamento entre:

1) o apresentador;
2) o público (os alunos);
3) o material a ser apresentado e aprendido;
4) as ferramentas e canais de comunicação disponíveis para dar suporte à apresentação do material; e
5) o contexto no qual a apresentação está sendo feita.

Técnicas Relacionais e de Comunicação

As técnicas relacionais e de comunicação dizem respeito ao controle da interação entre o apresentador e o público, a fim de atingir os objetivos desejados da apresentação — do apresentador e dos alunos. As técnicas relacionais geralmente dizem respeito ao controle da função individual, enquanto as técnicas de comunicação referem-se a tarefas de controle. É importante ter uma boa combinação de técnicas relacionais e de tarefas.

A comunicação envolve a troca de mensagens entre pessoas que alternam de função, ora sendo "remetentes", ora sendo "destinatárias". Dentro de um contexto de apresentação, o apresentador encontra-se basicamente na função de remetente, e o público é o destinatário. Além de administrar o relacionamento constante com o público, um apresentador eficiente também deve selecionar e, em alguns casos, criar os materiais a serem apresentados e as ferramentas que darão embasamento à apresentação. O controle do espaço-problema da apresentação envolve, portanto, as técnicas de primeiro avaliar o público, para, em seguida, determinar a informação adequada e o canal de comunicação por meio do qual a informação será apresentada de maneira eficaz. Isso pressupõe que o apresentador seja capaz de levar em consideração: a) os objetivos e as motivações do público; b) o seu estilo de aprendizagem; e c) a sua realidade profissional.

O estado físico e emocional das pessoas e o seu relacionamento com as funções (*status*) têm grande influência sobre a maneira como as mensagens são enviadas e interpretadas. Outra habilidade importante do apresentador é a capacidade de determinar seu estado mental mais apropriado, de acordo com o estado mental do público (ou seja, entusiasmo, calma, bom humor etc.) e ser capaz de atingir e manter esse estado. Por exemplo, se o público estiver desconfiado e o apresentador for entusiasmado demais, haverá uma falta de *rapport**, podendo haver atrito entre eles.

Lidando com a Diversidade

Uma questão importante durante uma apresentação eficaz é a maneira de lidar com a diversidade. Um apresentador eficiente precisa não apenas apresentar uma diversidade de conteúdos e tópicos, como também interagir de maneira efetiva com pessoas de diferentes origens, culturais e profissionais. Isso pressupõe o enfoque nos aspectos do processo do ensino e da aprendizagem.

Em muitos contextos de apresentação existem aspectos da cultura e da realidade profissional e pessoal do aluno que podem ser desconhecidos do apresentador. Dentro de um contexto de processo, o apresentador precisará incentivar e ajudar os alunos a fazerem as adaptações e mudanças necessárias a fim de moldar o contexto e as capacidades específicas à realidade profissional de cada um. Portanto, uma estratégia de comunicação efetiva exige criatividade, conhecimento dos sistemas de valores e de dinâmica de grupo, assim como sobre novas tecnologias e instrumentos para apresentar e facilitar o processo de auto-aprendizado contínuo.

As técnicas de comunicação e relação também incluem outras subtécnicas cognitivas e comportamentais. A comunicação efetiva e as tarefas relacionais abrangem:

1) compreensão das experiências subjetivas;
2) um conjunto de princípios e distinções para reconhecer padrões e estilos mentais de comportamento; e

---

* *Rapport*: expressão consagrada em programação neurolingüística, por isso mantida no original. Em português pode ser compreendida por empatia: tendência para sentir o que sentiria caso se estivesse na situação e circunstâncias experimentadas por outra pessoa (*Novo Dicionário Aurélio*). (N. da T.)

3) um conjunto de técnicas e capacidades operacionais que influenciam o comportamento e os padrões mentais.

Diferentes Tipos e Estilos de Aprendizagem

O ensino evidentemente relaciona-se à aprendizagem. E a efetividade do professor melhora uma vez que ele é capaz de acompanhar o processo de aprendizagem dos seus alunos. As pessoas aprendem de maneiras diferentes. O apresentador precisa ter um conjunto de diferenciações e um bom vocabulário com o qual identificar os vários tipos de aprendizagem e estilos de apresentação. Uma estratégia de comunicação eficiente aceita vários estilos de aprendizagem e atinge um número maior de alunos.

Em outro nível, toda aprendizagem engloba alguns princípios básicos e fundamentais. Embora existam vários tipos e estilos de aprendizagem, há características de aprendizagem e de controle desse processo que permanecem constantes, independentemente do contexto, cultura e tarefa. Um apresentador eficiente deve reconhecer e operar a partir do elemento comum de toda aprendizagem, porém, incluindo os modelos, as discriminações e a flexibilidade para ser capaz de se adaptar a diferentes estilos e contextos.

O Objetivo das Técnicas Relacionais e de Comunicação

Formar uma equipe de aprendizagem e um grupo de apoio de técnicas relacionais e de comunicação, por meio da facilitação da comunicação e da compreensão entre as pessoas, para que possam realizar suas tarefas de maneira mais efetiva. Essas técnicas dependem de como o apresentador usa as mensagens verbais (orais e escritas) e as mensagens não-verbais (que vão desde os recursos visuais até as variações de tom de voz e gestos) a fim de:

1. facilitar a compreensão;

2. incluir diferentes estilos de aprendizagem;

3. estimular os processos eficazes de aprendizagem; e

4. incentivar a participação e o desempenho efetivos.

Resumo do "Espaço-Problema" da Apresentação num Contexto de Aprendizagem

---

O ESPAÇO-PROBLEMA DA APRESENTAÇÃO

- Tipo de Público
- "Estado" e "Status" do Apresentador
- Informação a ser Dada
- Canais de Representação

Pontos Principais

O espaço-problema básico da apresentação diz respeito ao controle da interação entre o apresentador e o público a fim de atingir os objetivos desejados da apresentação.

Além do controle do relacionamento contínuo com o público, o apresentador efetivo também deve selecionar e, em alguns casos, criar, os materiais a serem apresentados e as ferramentas que vão fundamentar a demonstração deste, levando em consideração: a) a motivação do público; b) o seu estilo de aprendizagem; e c) a sua realidade profissional.

TÉCNICAS RELACIONAIS E DE COMUNICAÇÃO PARA APRESENTAÇÕES REFEREM-SE À MANEIRA "COMO" USAMOS AS MENSAGENS VERBAIS E NÃO-VERBAIS, A FIM DE:

- estimular os processos de aprendizagem;
- incluir diferentes tipos e estilos de aprendizagem;
- facilitar a compreensão;
- incentivar a participação e o desempenho efetivos.

Pontos Principais

As técnicas relacionais e de comunicação eficazes incluem: 1) a compreensão das experiências subjetivas da pessoa; 2) um conjunto de princípios e distinções, a fim de reconhecer os padrões de comportamento e de estilos mentais das pessoas; e 3) um conjunto de técnicas operacionais e habilidades que influenciem o comportamento e os padrões mentais dos participantes.

Melhoria das Técnicas de Apresentação

O conhecimento da estrutura de aprendizagem e de apresentação abre a possibilidade de melhorar as habilidades de apresentação para se tornar mais efetivo. Existem três processos principais para melhorar as técnicas de apresentação.

O primeiro deles é a "soma". Uma maneira de melhorar é somar. A soma tem a ver com os processos ou estratégias que podem ser adicionados ao processo que está sendo atualmente usado. Pode-se perguntar: "O que eu gostaria de acrescentar ao que já existe, e já está dando certo?". O que você poderia acrescentar às suas técnicas de apresentação para tornar-se mais eficiente?

O segundo, é a "transferência" a qual tem a ver com os padrões de apresentação que são eficazes em um certo contexto e podem ser transferidos para outro. Pode haver algum aspecto da apresentação que foi eficaz em um contexto que, em um dado nível processual, terá valor em outros. Portanto, deve ser possível transferir elementos de uma estratégia de comunicação eficaz de um contexto para outro. Que padrões da sua apresentação podem ser transferidos mais facilmente para os contextos nos quais você gostaria de melhorar sua capacidade de apresentação?

O terceiro processo para melhorar as capacidades de apresentação é a "coordenação", que se relaciona com diferentes tipos de estratégias de comunicação, padrões cognitivos e mentais, que podem ser coordenados entre a pessoa e os outros. Nesse caso, a pergunta seria: "Como posso coordenar meu estilo de apresentação com os estilos de aprendizagem dos outros, para que eles sejam complementares, em vez de conflituosos?". Por exemplo, o apresentador pode coordenar o canal de comunicação com os estilos mentais do público ao qual ele se dirige. De que maneira é possível melhorar a coordenação entre o seu estilo de apresentação e os diferentes estilos de aprendizagem?

Nos capítulos seguintes vamos examinar mais minuciosamente cada uma das maneiras de melhorar as apresentações.

Exercício 1: Exame das Técnicas Eficazes de Apresentação

Os objetivos deste exercício são: examinar de maneira experimental alguns elementos básicos da experiência que a pessoa tem ao fazer uma apresentação; estabelecer alguns princípios de apresentações eficazes; e esclarecer alguns dos aspectos do seu próprio estilo pessoal de apresentação, com uma experiência de referência concreta.

PARTE I

Existem dois papéis no exercício: o do "apresentador" e o do "público". O apresentador deve escolher um tópico simples relacionado à comunicação eficaz e fazer uma apresentação. Os membros do grupo devem observar a apresentação e prestar atenção se existem padrões e uniformidades de linguagem e comportamento relacionados ao estilo do apresentador.

Instruções para o Apresentador

A sua tarefa é escolher um tópico simples e fazer uma apresentação curta. Identificar um tópico de apresentação simples relacionado à comunicação eficaz e apresentá-lo ao grupo durante cinco minutos.

Enquanto você estiver apresentando, veja se consegue desenvolver uma "metacognição" (uma percepção introspectiva) dos seus próprios processos e estratégias — especialmente em termos de como você usa a linguagem e os sistemas de representação. Tente perceber o impacto da linguagem e dos canais de representação nos participantes. Mentalmente, comece a prestar atenção ao tipo de técnicas que você utiliza. Como você apresenta um conceito? Como sabe que já terminou? Quais são as indicações de que você já apresentou o suficiente?

Mesmo que o conteúdo do exercício possa ser insignificante, as técnicas de apresentação usadas para comunicar esse assunto podem ter semelhanças com outros contextos que podem ser muito relevantes.

Instruções para os Observadores

Enquanto o apresentador está fazendo sua explanação, os membros do grupo deverão observar e prestar atenção aos padrões verbais e comportamentais por ele utilizados. Os observadores devem lembrar-se de que há uma diferença entre *observação* e *interpretação*. As observações são descrições de comportamentos reais, e não inferências ou projeções sobre o que esses comportamentos podem significar.

Os observadores devem concentrar-se naquilo que é "relevante" (o que se repete, se modifica ou está mais exagerado) na linguagem e no comportamento físico do apresentador. Devem, também, prestar atenção em pistas não-verbais importantes, como a postura corporal, a expressão facial, o tom de voz e os gestos.

No final da "apresentação", os observadores vão comentar as observações sobre o comportamento do apresentador. E, depois, deverão trocar de lugar e repetir o processo com outro participante, tomando o lugar do apresentador.

PARTE II

No segundo estágio deste exercício, você deverá examinar o tipo de estratégias, técnicas, princípios e processos mentais usados para fazer a apresentação.

Instruções para o Processo de Evocação

Os membros do grupo devem fazer perguntas sobre os seus processos durante a apresentação e comparar as respostas.

Existem três questões básicas a serem consideradas.

A primeira é: "Quais eram os objetivos da apresentação?", "Foi um processo completamente espontâneo ou você refletiu a respeito?", "Você começou a improvisar ou já tinha uma idéia clara do que queria fazer?".

A segunda: "Como você soube que já tinha terminado?", "O que lhe deu a dica de que você já tinha terminado ou já tinha apresentado o suficiente?". Você também pode examinar se achou a apresentação eficaz. "Você acha que sua apresentação foi eficaz?", "Por quê?" Algumas pessoas ficam satisfeitas com a apresentação, enquanto outras não. Se for este o caso, por quê? Ou, por que não? Isso tem a ver com os indícios de uma apresentação eficaz. "Em que informações você realmente prestou atenção durante a apresentação?"

A terceira: "Quais as técnicas de apresentação que você usou?", "Que canais de representação você usou para se comunicar com o grupo?", "Que tipo de comunicação não-verbal você utilizou?"

Essas são as três perguntas básicas: 1) Quais eram os seus objetivos? 2) Como soube que já tinha terminado? Você ficou satisfeito? 3) Que técnicas você usou para preparar sua apresentação?

Lembre-se de que se trata de um exame geral, de um exercício de descoberta. O objetivo é descobrir algumas coisas sobre o processo de apresentação e começar a criar experiências de referência para conceitos-chave que vamos utilizar posteriormente. A atitude a adotar em relação a esse tipo de exercício é manter-se receptivo à descoberta ou à avaliação e ficar curioso para aprender algo sobre os seus próprios processos, assim como sobre os de seus colegas. Assim, você vai poder usufruir o máximo deste exercício.

Por exemplo, pense em como você usou os seus sentidos. Que tipo de canais de representação você estava utilizando? Você pode apresentar conceitos tanto visual como verbalmente. Alguns apresentadores podem ter usado um processo mais visual, verbal ou lógico. Outros, uma abordagem mais física. Alguns podem ter incorporado reações emocionais — evocar um sentimento a respeito de algo. É claro que também é possível combinar os vários sentidos.

Pense, também, em como você usou os sentidos para observar o público, para determinar se já tinha terminado ou se estava sendo eficiente. Você se concentrou no que as pessoas diziam, na aparência delas ou no que elas faziam?

Cada pessoa deve responder a essas questões básicas em cerca de cinco minutos. Depois, troque de lugar com a próxima. Portanto, o exercício completo deve levar cerca de vinte minutos. Os membros do grupo também devem prestar atenção às técnicas de observação e comportamentais.

O objetivo desta parte do exercício, enquanto você utiliza sua própria estrutura de estratégia durante a apresentação, é verificar que as estratégias de comunicação possuem uma estrutura. Você também deve começar a perceber algumas das diferenças de estilos e estratégias de comunicação, dependendo dos objetivos específicos estabelecidos para a apresentação.

Discussão após a Evocação

É importante aperceber-se de que cada pessoa possui suas estratégias e estilos pessoais, mesmo no caso de uma tarefa simples. Algumas dessas diferenças têm a ver com o tipo de objetivos estabelecidos. Uma estratégia mais física pode ser mais eficiente para alguns tipos de apresentações do que uma abordagem mais verbal ou visual.

A maioria das pessoas já deve ter observado a diferença entre suas habilidades conscientes em comparação com as inconscientes. Nem sempre estamos conscientes de tudo o que fazemos, no momento em que fazemos. Muitas pessoas, talvez, já tenham observado que existem alguns processos simultâneos que devem ser acompanhados durante a apresentação. Mesmo em uma apresentação muito simples existem combinações de técnicas e estilos diferentes.

Resumo da Melhoria das Técnicas de Apresentação

TRÊS PALAVRAS-CHAVE PARA MELHORAR AS TÉCNICAS DE APRESENTAÇÃO

1. Soma:
- O que pode ser adicionado a algo que já esteja presente, a fim de melhorá-lo?

2. Transferência:
- Existe alguma técnica de apresentação que possa ser transferida de um contexto para outro?

3. Coordenação:
- De que maneira a pessoa pode coordenar o seu estilo de apresentação a partir dos estilos de aprendizagem dos outros, para que se tornem complementares (em vez de conflitantes)?

Pontos Principais

Existem três maneiras básicas de melhorar as técnicas de apresentação.

Soma: Que outros processos ou estratégias podem ser acrescentados ao que está sendo usado?

Transferência: Que padrões de apresentação são eficazes em um contexto e podem ser transferidos para outro?

Coordenação: De que forma diferentes tipos de estratégia de comunicação, padrões cognitivos e estilos mentais podem ser coordenados na própria pessoa e entre ela e as outras pessoas?

EXERCÍCIO:

EXPLORAÇÃO DE TÉCNICAS DE APRESENTAÇÃO EFICAZES

FASE 1

Cada membro do grupo:

(a) Identifica um tópico simples de apresentação.

(b) Apresenta-o ao grupo durante cinco minutos.

FASE 2

Comparar as suas respostas às seguintes perguntas:

- Quais eram os seus objetivos?

- Como você sabia que eles já tinham sido atingidos? O que o fez ficar satisfeito por ter apresentado "o suficiente"? Em que tipo de *feedback* você prestou mais atenção?

- Que técnicas você utilizou para fazer a apresentação?

Pontos Principais

As etapas do exercício pretendem:

Fazer uma apresentação simples e identificar as técnicas comportamentais e de observação que você empregou para aplicá-las.

Reconhecer, pela percepção da sua própria apresentação, que as estratégias de comunicação possuem uma estrutura.

Observar como as outras pessoas fazem as apresentações.

Observar que existem padrões de pistas microcomportamentais que funcionam como *feedback* para o apresentador.

Perceber sua competência como apresentador, do ponto de vista consciente e inconsciente.

2

PLANO
BÁSICO
DE APRESENTAÇÃO

Apresentar um conjunto de modelos e distinções que ajudem o leitor a identificar vários níveis de estrutura das suas próprias técnicas e estilos de apresentação e definir princípios relacionados ao planejamento de apresentações eficazes.

- **Macroestrutura de Experiência e Aprendizagem: o Modelo TOTS**
- **Influência de Diferentes Níveis de Experiência na Aprendizagem**
- **Definição da Estrutura Básica da Apresentação**
- **Planejando uma Apresentação Eficaz**

Macroestrutura de Experiência e Aprendizagem: o Modelo TOTS

> *O estabelecimento de finais futuros e a escolha*
> *de meios para atingi-los são a marca e o critério*
> *da presença da mentalidade dentro de um fenômeno.*
>
> William James (*Principles of Psychology*)

Em geral, o comportamento efetivo está organizado num ciclo contínuo de informação chamado TOTS (Miller, *et al.*, 1960). As iniciais *TOTS** significam, em português, *Teste-Operação-Teste-Saída*. O conceito do TOTS determina que todos os programas mentais e comportamentais dependem de um objetivo *fixado* e de *possibilidades variáveis de se atingir esse objetivo*. Este modelo indica que, à medida que pensamos, estabelecemos objetivos na nossa mente (de maneira consciente ou inconsciente) e desenvolvemos um TESTE para quando ele tiver sido atingido. Se ele não for atingido, OPERAMOS para modificar ou fazer algo para chegar mais perto do nosso objetivo. Quando nossos critérios de TESTE tiverem sido satisfeitos, então SAÍMOS para a próxima etapa. Portanto, a função de qualquer parte específica de um programa pode ser (T)estar a informação com os nossos sentidos para verificar se estamos progredindo em direção ao objetivo estipulado, ou (O)perar para modificar uma parte da experiência para que o (T)este seja positivo e a (S)aída para a etapa seguinte do programa.

Enquanto tentamos aprender ou fazer uma apresentação, estamos continuamente testando o nosso progresso. "Que ponto atingi?", "Estou indo no caminho certo?", "Isso está sendo útil?", "Está sendo inovador?". E, baseados nos resultados obtidos, operamos, fazemos algo, e depois testamos mais uma vez para avaliar o efeito da operação. Portanto, testamos. Operamos, tentando modificar alguma coisa ou dar um passo na direção correta. E depois, testamos mais uma vez: "O resultado dessa operação foi eficaz?". Baseados no resultado desse teste, continuamos a operar ou saímos. Então, teremos chegado ao final.

Esse teste envolve o estabelecimento de uma meta, de um objetivo, e algum tipo de evidência para avaliar os progressos feitos em direção ao objetivo. Para poder avaliar ou testar, é necessário ter um caminho e alguma evidência ou indícios que lhe permitam saber se você está atingindo ou não o seu objetivo. Para operar de maneira eficiente, é preciso uma gama ou série de escolhas de atividades que você poderá selecionar para atingir seu objetivo.

---

* TOTS, em inglês, significa *Test-Operate-Test-Exit* (*TOTE*). (N. da T.)

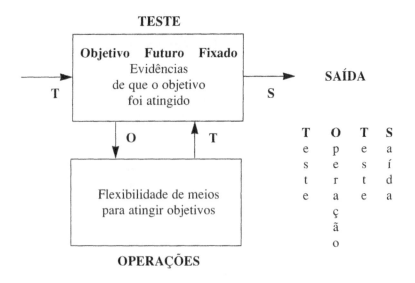

Figura 1 — Diagrama do ciclo contínuo básico de *feedback* do TOTS.

Por exemplo, um TESTE de uma apresentação eficaz pode ter uma idéia expressa de maneira "clara". Se o conceito apresentado não for claro o suficiente, você deverá OPERAR, adotar um outro procedimento ou criar um conceito melhor. As pessoas terão maneiras diferentes de TESTAR o conceito de "clareza", a partir de preferências ou inclinações pessoais do sistema representacional. Por exemplo, um conceito de clareza pode ser determinado com base:

1) na capacidade da pessoa em ver ou visualizar o conceito;
2) na capacidade da pessoa em fazer algo fisicamente ou agir a partir do conceito;
3) na maneira como alguém se sente do ponto de vista emocional em relação ao conceito;
4) na capacidade da pessoa em repetir ou verbalizar o conceito.

Essas variações podem fazer uma grande diferença tanto no tipo de resultado atingido pelos processos de aprendizagem como no grupo ao qual ele é aplicado.

Uma das principais características da aprendizagem é a necessidade de *feedback*. Essa é uma característica demonstrada por todos os tipos de aprendizagem. Não existe aprendizagem sem *feedback*. Quer venha do ambiente, do instrutor, quer das conseqüências das ações dos alunos, sempre deverá haver *feedback*. O TOTS descreve os elementos essenciais, necessários para se estabelecer um ciclo contínuo de *feedback* autocorretivo. O TOTS indica que um *feedback* autocorretivo eficaz acontece entre os testes e as operações, até que seja atingido o objetivo desejado.

De acordo com o TOTS, as três características básicas de um ciclo contínuo de *feedback* eficaz são: 1) objetivos claros; 2) algum tipo de evidência observável para que aquele objetivo seja atingido; e 3) a flexibilidade de possíveis operações para se atingir o objetivo em questão. Instrutores e apresentadores eficazes estabelecem objetivos, descobrem evidências e depois executam uma série de possíveis operações para lidar com os diferentes contextos, estilos de aprendizagem e tipos de situações inesperados. O objetivo sempre permanece fixado, mas as operações devem possuir um certo nível de flexibilidade para incluir as diferenças entre alunos e entre contextos de aprendizagem.

O TOTS é a estrutura fundamental para qualquer estratégia de comunicação eficiente, metodologia educacional e, essencialmente, para qualquer tipo de estrutura de desmembramento de tarefa.

O TOTS é um processo básico. Pensemos em uma criança que está tentando andar. Ela tem o objetivo de chegar a algum lugar — digamos, até um brinquedo que se encontra em cima de uma mesa ou de uma cadeira. A evidência que ela percebe é a distância relativa até o brinquedo, que pode ser visto e sentido. Ela deve desenvolver a capacidade e a flexibilidade necessárias para atingir seu objetivo. Por meio de muitas reiterações de teste e operação, a competência tende a aumentar cada vez mais. O objetivo da criança, nesse caso, é fixo: obter o brinquedo. Ela tem de ser flexível o suficiente para atingir o objetivo, baseada na flexibilidade e incerteza potenciais que existem dentro do sistema em que ela está tentando se mover. Se alguém tirar do lugar a cadeira ou a mesa em que se encontra o brinquedo, a criança terá de reajustar as suas operações. Se ela decidir fixar sua atividade e apenas dar um certo número de passos, talvez possa atingir seu objetivo, talvez não.

Vejamos o processo de treinamento. Se você tem um objetivo específico, terá de variar a maneira de aplicá-lo, dependendo do tipo de pessoas que se encontram no treinamento e das situações espontâneas que dele derivam. Se você estabelecer e mantiver um procedimento de treinamento específico, não obstante o que venha a acontecer, então os resultados obtidos serão variados. Ou seja, você terá uma distribuição estatística de sucessos.

É claro que às vezes você pode querer obter sucessos variados. Na verdade, enquanto alguns apresentadores estão fazendo o exercício, talvez nem tenham um objetivo definido e estejam apenas começando o processo e observando o que acontece. Esta é uma das formas do estilo de apresentação.

Um outro estilo de apresentação pode incluir a especificação de um objetivo, e depois a passagem para um ciclo contínuo de *feedback* junto ao grupo, examinando as várias maneiras de atingir o objetivo específico.

Em qualquer dos casos, o TOTS define os elementos básicos do processo. Para ter qualquer tipo de comportamento estruturado, é necessário não somente ter objetivos, como também as evidências para atingi-los e a maneira de concretizá-los. Em nível pessoal, a maneira como criamos esses mapas orientadores cognitivos e executamos esses programas parte, fundamentalmente, de processos neurológicos, ou seja, dos sentidos. Quer se trate de uma pessoa ou de um grupo, os objetivos devem ser estabelecidos por meio da linguagem. Eles podem ser estabelecidos visualmente, por exemplo, por diagramas, também em termos de reações emocionais ou sensações e até através de uma demonstração física.

Assim, você terá as evidências e os critérios para estabelecer como prosseguir para atingir seu objetivo. De maneira mais específica, as evidências relacionam-se com coisas que podem ser sentidas e comunicadas. As evidências de que um objetivo foi atingido de maneira bem-sucedida serão vistas, ouvidas ou sentidas de alguma maneira concreta. Existe uma implicação importante em termos de apresentações. Duas pessoas podem ter o mesmo objetivo, porém, indícios diferentes. Às vezes a pessoa utiliza uma imagem visual como evidência, enquanto outra utiliza uma sensação e, muito embora compartilhem objetivos semelhantes, talvez possam não atingir os mesmos resultados.

Resumo da Macroestrutura de Experiência e Aprendizagem: o Modelo TOTS

O MODELO TOTS

Processos eficientes são estruturados em torno de um programa básico em três estágios, ou seja, "um ciclo contínuo de *feedback*":

1) Uma apresentação eficaz orienta-se para atingir objetivos.

2) É importante usar testes/demonstrações para saber se a pessoa está indo em direção ao seu objetivo, afastando-se dele, ou se já o atingiu.

3) A partir de um *feedback* "negativo", as operações são desempenhadas como respostas aos problemas.

Pontos Principais

De acordo com o modelo TOTS, o comportamento eficaz depende de um ciclo contínuo de *feedback* entre a avaliação dos objetivos e a aplicação das operações que vão permitir atingi-los.

Para se obter um desempenho efetivo, é importante estabelecer objetivos de maneira clara, criar evidências observáveis que indiquem o processo em direção ao objetivo e à flexibilidade de operações para atingi-lo, em condições de mutação.

Em uma comunicação típica de TOTS:

a) os objetivos são: influenciar os processos mentais dos alunos, a fim de melhorar a compreensão e/ou aumentar a motivação com respeito ao assunto;

b) as evidências de que esses objetivos foram atingidos devem aparecer nas observações feitas a respeito das reações verbais e não-verbais do público;

c) as operações são as ações do apresentador, sob forma de mensagens verbais e não-verbais enviadas ao grupo.

Influência de Diferentes Níveis de Experiência na Aprendizagem

É importante reconhecer que existem diferentes níveis e tipos de influência sobre a aprendizagem. Por exemplo, existe o *onde* e o *quando* na aprendizagem. Isso se relaciona a influências ambientais, tais como obrigações temporais e espaciais, que possam influenciar o processo de aprendizagem. Por exemplo, no exercício deste capítulo, os apresentadores e os alunos tiveram de operar dentro de uma estrutura de tempo limitada.

Existe também o *quê* relacionado ao tipo de conteúdo e às atividades comportamentais no processo de aprendizagem. Todos os apresentadores tiveram o mesmo tipo de exigências ambientais, porém, reagiram de maneira diferente a partir dessas exigências. Houve uma grande variedade de reações comportamentais num só contexto de coerções ambientais semelhantes.

Mas, o que explica essas diferenças comportamentais? Elas são provocadas por diferenças nos processos cognitivos, isto é, diferenças em *como* a pessoa está pensando sobre algo ou representando esse objeto mentalmente. O nível "como" da aprendizagem relaciona-se aos mapas e programas internos que provocam variações de conteúdo e comportamento.

A aprendizagem também se relaciona a crenças e valores. Elas determinam o *porquê* da aprendizagem. "Por que uma pessoa deve se preocupar em aprender?" O nível de motivação da pessoa vai determinar a que ponto ela irá mobilizar os seus recursos internos. A motivação é o que estimula e ativa o *como* e o *quê* das nossas reações.

Por fim, existe um *quem* envolvido. "Eu sou um bom aluno ou um bom apresentador?" "Será que alguém na minha função ou no meu papel deveria ser aluno/professor, e em que tipos de contextos?" *Quem* estará aprendendo/ensinando?

Reveja o exercício e observe que níveis tinham peso em sua apresentação. Quais foram os níveis que mais influenciaram sua experiência pessoal no exercício?

Níveis de Aprendizagem

Qualquer sistema de atividade é um subsistema embutido em outro que, por sua vez, está embutido em outro, e assim por diante. Esse tipo de relacionamento entre sistemas produz níveis diferentes de aprendizagem, relativos àquele no qual se está operando.

As pessoas sempre falam sobre como reagem em vários *"níveis"*. Por exemplo, pode-se dizer que uma experiência foi negativa em um nível, porém, positiva em outro. Em nossa estrutura mental, em nossa linguagem e em nossos sistemas de percepção existem hierarquias naturais ou níveis de experiência. O efeito de cada nível é organizar e controlar a informação do nível que vem logo abaixo. Portanto, se algo for modificado em um nível superior, naturalmente, irá modificar os níveis inferiores; enquanto que modificar algo em um nível inferior poderia, mas não necessariamente, afetar os níveis superiores. O antropólogo Gregory Bateson identificou quatro níveis básicos de aprendizagem e mudança — cada um deles mais abstrato do que o nível inferior, porém, cada um com um maior nível de impacto na pessoa. Esses níveis correspondem mais ou menos a:

a. Quem **Sou** eu — *Identidade*   Quem?
b. Meu sistema de **Crenças** — *Valores e significado*   Por quê?
c. As minhas **Capacidades** — *Estratégias e internos*   Como?
d. O que eu **Faço** ou **Fiz** — *Comportamentos específicos*   O quê?
e. O meu **Ambiente** — *Restrições externas*   Onde? Quando?

O nível ambiental inclui as condições externas específicas nas quais o nosso comportamento acontece. Os comportamentos que não possuem mapa interior, plano ou estratégia para orientá-los são como reações automáticas, hábitos ou rituais. No nível da capacidade, somos capazes de selecionar, alterar e adaptar uma classe de comportamentos a um conjunto mais amplo de situações externas. No nível das crenças e valores podemos incentivar, inibir ou generalizar uma estratégia específica, um plano ou uma maneira de pensar. É claro que a identidade consolida sistemas de crenças e valores dentro de uma percepção de identidade. Enquanto cada nível torna-se mais abstraído das especificidades do comportamento e da experiência sensorial, na verdade, o efeito é muito mais forte em nosso comportamento e experiência.

* *Fatores ambientais* determinam as oportunidades ou obrigações externas em relação às quais a pessoa deve reagir. Deve-se responder à pergunta **Onde?** e **Quando?**

* *O comportamento* é feito de ações ou reações específicas que surgem no ambiente. Deve-se responder à pergunta **O quê?**

* As *capacidades* guiam e direcionam as ações comportamentais, por meio de uma estratégia, plano ou mapa mental. Deve-se responder à pergunta **Como?**

* As *crenças* e *os valores* fornecem o reforço (motivação e permissão) que dão apoio ou negam as capacidades. Deve-se responder à pergunta **Por quê?**

* Os fatores de *identidade* determinam o objetivo geral (a missão) e dão forma, por meio de nosso senso de identidade, às crenças e valores. Deve-se responder à pergunta **Quem?**

A aprendizagem de um processo em vários níveis exige o suporte de todos esses níveis para que seja realmente efetiva. O nível que não estiver alinhado com os outros pode criar uma interferência no processo criativo. Por exemplo, alguém pode ter sido capaz de fazer algo de novo em um contexto específico (comportamento específico), mas talvez não tenha o mapa ou modelo mental que lhe permita saber como continuar a produzir ou a inovar algo dentro de um ambiente diferente (capacidade). Mesmo quando alguém é capaz de aprender, talvez não valorize a aprendizagem como uma função importante e necessária, e assim raramente a usa. Mesmo as pessoas que são capazes de aprender e acreditam que se trate de uma função importante nem sempre se percebem como "aprendizes".

Por exemplo, as seguintes declarações demonstram de que maneira os limites da aprendizagem podem surgir em qualquer um dos níveis.

a. Identidade: *"Não sou capaz de aprender"*.

b. Crença: *"É difícil aprender algo de novo e gasta-se muito tempo"*.

c. Capacidade: *"Não sei como aprender de maneira eficaz"*.

d. Comportamento: *"Não sei o que fazer nesta situação"*.

e. Ambiente: *"Não houve tempo suficiente para terminar a lição"*.

Cada um desses processos inclui um nível diferente de organização e avaliação que irá selecionar, dar acesso e utilizar a informação no nível imediatamente inferior. Desta forma, esses níveis formam uma hierarquia de TOTS embutidos, como vemos no diagrama à página seguinte.

A Estratégia de Comunicação e os Níveis de Aprendizagem

É importante levar em consideração que existem diferentes níveis de aprendizagem e de mapas. Podemos construir mapas do nosso ambiente — o "Onde", o "Quando". Podemos construir mapas do *"Quê"*, do conteúdo ou do comportamento a ser trazido e assumido dentro daquele ambiente. Podemos também construir mapas de *"Como"*, os planos, as técnicas ou estratégias por meio das quais um comportamento é assumido dentro de um ambiente específico. Uma pressuposição importante neste caso é que os mapas de "Como" são diferentes dos mapas de "O quê" e ambos são, de alguma maneira, necessários. Existem, também, mapas muito importantes relativos ao *"Por que"* da tarefa de aprendizagem — quais são as crenças e valores que lhe dão um objetivo, credibilidade ou significado. Também podemos ter mapas relacionados ao *"Quem"* da aprendizagem — a função ou a identidade do aluno.

Para aprender algo de maneira efetiva, os alunos precisam saber o que fazer, como fazer, por que é importante. E eles precisam saber de que forma isso se relaciona com quem eles são — a sua função pessoal. Diferentes tipos de experiências de referência podem relacionar-se a diferentes níveis

Figura 2 — **Diagrama de níveis "implícitos" de experiência.**

de processos de aprendizagem. Em um tipo de experiência, a pessoa pode obter uma referência para o "O quê", mas não necessariamente para o "Por que" ou "Como". Um apresentador geralmente trabalha em vários níveis. A seqüência e a mistura desses níveis são a essência da metodologia educacional e das estratégias de comunicação. A estratégia de comunicação tem a ver com questões como: "Quando o apresentador deve concentrar-se no *por quê*?". No caso de resistência, seria porque o aluno não sabe como fazer ou porque ele não o deseja? Uma estratégia de comunicação eficiente deve levar em consideração a maneira de lidar com essa questão específica.

Resumindo, a tarefa de aprendizagem pode incluir pontos que se relacionam a "querer aprender", a "saber como aprender" e a obter a oportunidade de aprender. O "querer aprender", geralmente, tem a ver com o nível do desejo de se atingir o objetivo da aprendizagem ou com o "por que" da aprendizagem — o benefício da aprendizagem. Saber como aprender relaciona-se com os mapas cognitivos e as experiências de referência que criamos ao iniciarmos o processo a ser aprendido. E, finalmente, há também a capacidade de aprender. Isto tem a ver com o contexto de aprendizagem. O sistema no qual a aprendizagem está sendo aplicada, incluindo-se o tipo de apoio dado aos alunos, o onde, o quando e o quem do ambiente. Existem maneiras diferentes nas quais instrutores ou apresentadores facilitam a possibilidade de aprender e o tipo de relacionamento que eles assumem em relação aos alunos.

A ênfase dada a esses diferentes níveis de questões e a seqüência na qual elas são examinadas são os elementos-chave da estratégia de comunicação.

Resumo da Influência de Diferentes Níveis de Experiência na Aprendizagem

---

NÍVEIS DE APRENDIZAGEM

- O *ambiente* determina as oportunidades ou restrições externas que a pessoa deve levar em consideração. Relaciona-se ao *onde* e *quando* da aprendizagem.

- Os *comportamentos* são ações ou reações específicas assumidas pela pessoa dentro do ambiente em que se encontra. Relaciona-se ao *que* da aprendizagem.

- As *capacidades* orientam e dão forma às ações comportamentais por meio de uma estratégia, plano ou mapa mental. Relaciona-se ao *como* da aprendizagem.

- As *crenças* e *valores* fornecem o reforço (motivação e permissão) que dá apoio ou inibe as capacidades. Relaciona-se ao *porquê* da aprendizagem.

- A *identidade* relaciona-se à missão e à função da pessoa e também ao seu senso de identidade. Relaciona-se ao *quem* da aprendizagem.

Pontos Principais

Existem diferentes níveis de processos que influenciam a aprendizagem e outras atividades humanas:

1) os processos ambientais determinam o "onde" e "quando" da aprendizagem;
2) pelos processos comportamentais, o "que" da aprendizagem manifesta-se no ambiente;
3) as ações e reações comportamentais resultam da maneira como uma pessoa pensa — seus mapas internos, estratégias e capacidades mentais;
4) a abordagem da aprendizagem é influenciada e direcionada pelos processos relativos às crenças e valores que determinam por que a pessoa decidiu, em primeiro lugar, aprender alguma coisa;
5) os processos auto-referenciais relacionados à percepção de quem a pessoa é, em relação à sua identidade pessoal e à sua função, determinam o tipo de crenças e valores que serão selecionados e aplicados.

Definição da Estrutura Básica da Apresentação

As três qualidades dos comunicadores de sucesso

A partir de observações de pessoas de sucesso, em vários campos diferentes, foram descobertas três qualidades que são consideradas comuns a todos os bons comunicadores:

1) estabelecem continuamente objetivos ou metas explícitas e verificáveis;

2) têm a percepção sensorial e a capacidade de observação necessárias para obter *feedback* a respeito do progresso realizado em direção às metas estabelecidas;

3) têm flexibilidade de comportamento, mudam e ajustam continuamente sua comunicação a fim de atingir os seus objetivos. Se uma abordagem não estiver dando certo, eles têm flexibilidade para, imediatamente, passar para outra.

Essas qualidades se relacionam aos elementos do TOTS. Quais são os objetivos de um profissional efetivo? Quais são as evidências que o profissional eficaz usa para ter acesso ao progresso em direção às suas metas? Que tipo de atividades ou operações o profissional eficaz possui para atingir seus objetivos? O que um profissional eficaz faz quando uma operação ou ação não funciona? A competência e a excelência não têm a ver com o fato de acertar desde a primeira vez. Geralmente, a competência diz respeito à adaptação aos problemas criados pelo meio ambiente ou outras partes do sistema.

Dizem que só começamos realmente a gerenciar alguma coisa quando nos deparamos com um problema ou uma resistência. Até então, a pessoa só está dando instruções. É só quando surge um problema que a pessoa realmente tem possibilidade de "administrar um controle". Dizem, também, que o vendedor só começa a vender a partir do momento em que ele se vê diante de um problema ou resistência. Até então, ele está apenas recebendo ordens. Dizem, ainda, que o professor só começa a ensinar quando se vê diante de um problema ou resistência. Até então, ele está apenas dando informações. A maneira de reagir às dificuldades é um elemento essencial da apresentação eficaz.

A Estrutura Básica de uma Apresentação Eficaz

O primeiro passo para se criar uma apresentação é a definição dos objetivos. Devem existir objetivos paralelos, estabelecidos tanto para as tarefas como para as relações; e objetivos para a criação de mapas cognitivos em relação a experiências de referência. Eles podem ser estabelecidos em relação ao desenvolvimento da competência consciente *versus* competência inconsciente. Por exemplo, algumas vezes o apresentador pode querer que os alunos vivenciem algo sem compreensão cognitiva, a fim de descobrir um princípio ou desenvolver uma competência inconsciente. Isso porque, às vezes, a percepção daquilo que a pessoa "deve" aprender pode interferir ou impedir a experiência real de aprendizagem. Portanto, o apresentador pode criar especificamente uma tarefa de tal modo que os participantes aprendam algo, mas só venham a perceber que aprenderam depois.

Assim, existem diferentes tipos de objetivos a serem administrados, diferentes evidências relacionadas às diferentes metas e uma gama de operações a serem utilizadas para se atingir esses objetivos. Os objetivos de aprendizagem devem ser especificados tanto para o aluno quanto para o apresentador. O objetivo do apresentador, por exemplo, não deve ser simplesmente "apresentar o material necessário". Ele também deve criar experiências de aprendizagem fortes para os participantes. A primeira evidência observável de que o objetivo foi atingido, numa situação de treinamento, é o comportamento dos participantes. Esse objetivo irá ocorrer não apenas em termos das suas reações verbais às perguntas, mas também em suas interações e reações não-verbais uns com os outros. Os tipos básicos de operação do ambiente de treinamento relacionam-se a interações entre o instrutor e os alunos, os alunos e os instrumentos de aprendizagem e os alunos entre si.

Essas partes do TOTS são as peças básicas de um plano de apresentação. A estratégia de comunicação relaciona-se com a maneira como esses ciclos contínuos de *feedback* básico tornam-se seqüenciados em relação à tarefa, relacionamentos, mapas cognitivos e experiências de referência, e, assim, tornam-se definidos. Os elementos básicos da comunicação envolvem pessoas que enviam mensagens umas para as outras pelos vários meios de comunicação. As pessoas se alternam entre diferentes posições no ciclo contínuo de *feedback* básico do remetente e do destinatário. O conteúdo da mensagem, geralmente, é acompanhado por um alto nível de "metamensagens" (geralmente não-verbais) que dão ênfase ou fornecem pistas sobre como interpretá-la. Os vários meios de comunicação pelos quais a mensagem pode ser enviada possuem diferentes limitações e forças que influenciam a maneira como ela é enviada e recebida.

Resumo da Definição da Estrutura Básica da Apresentação

DEFINIÇÃO DA ESTRUTURA BÁSICA DA APRESENTAÇÃO

- Estabelecer Objetivos de Aprendizagem

- Estabelecer Demonstrações

- Definição das Operações

- Reação a Problemas

Pontos Principais

Existem vários tipos gerais de técnicas de apresentação relacionados aos vários elementos do TOTS.

Estabelecer e comunicar objetivos.

Definir e comunicar demonstrações.

Estabelecer e comunicar as operações.

Reagir a problemas e interferências.

Planejando uma Apresentação Eficaz

Mais adiante, nesta seção, apresentaremos um questionário para ajudar a definir o TOTS necessário para se fazer uma apresentação. O questionário relaciona-se ao contexto no qual a apresentação será feita. Há uma série de perguntas relacionadas aos objetivos, aos indícios e às operações apresentadas como exercício de automodelagem.

A primeira pergunta requer uma descrição rápida do contexto no qual a apresentação será feita. Deve-se escolher algo importante para a pessoa e para a sua realidade profissional.

A segunda pergunta é: "Quais são os objetivos ou metas, neste contexto, que você está querendo atingir com sua apresentação?". O desempenho eficiente é impulsionado e mobilizado por objetivos que podem ter vários níveis. Eles podem estar em um nível de *por que*, *como* ou de *que*. Em vez de tentar conscientemente perceber em que nível estão os objetivos, apenas responda, de maneira intuitiva, à pergunta.

A pergunta número três é: "Quais são as evidências que demonstram que você está atingindo os objetivos que estabeleceu?". As respostas não precisam ser muito detalhadas. Mas você estará partilhando essa informação com os outros membros do grupo e, por isso, deverá ser capaz de descrever com detalhes suficientes para que os outros possam entender o que você quer dizer.

A pergunta número quatro é: "O que você vai fazer para atingir esses objetivos? Quais são as etapas ou atividades que terá de assumir a fim de apresentar o material?". Talvez você queira pensar em termos de processos cognitivos e comportamentais específicos que assume dentro do contexto que identificou.

Por fim, a pergunta número cinco é: "Se você se deparar com problemas ou dificuldades inesperadas, qual será a sua reação?". De que maneira você reage aos problemas? Que providências você toma para corrigir as situações problemáticas que surgem nesse contexto?

Esse conjunto de perguntas fornece uma visão interessante dos elementos que possibilitam um desempenho pessoal efetivo. Mesmo que já tenha feito muitas apresentações nesse contexto, você poderá descobrir alguns pontos adicionais relativos ao processo, enquanto organiza sua experiência dentro desses segmentos.

Para modelar um TOTS referente a um incidente específico, é importante ser capaz de pensar a respeito da estrutura do processo "como se" você estivesse passando pela experiência. O objetivo é tentar imaginar o máximo possível como seria se você realmente estivesse comprometido na atividade. Ao mesmo tempo, é necessário entender que você terá de fazer muitas pressuposições. Como você vai estar respondendo a essas perguntas tanto na sua imaginação como também a partir da sua experiência, talvez se dê conta de que nunca pensou nessas possibilidades antes. E é por isso que deverá tomar uma decisão sobre que tipo de experiência você poderá vir a ter.

O questionário leva cerca de dez minutos para ser respondido.

Exercício 2: Planejando uma Apresentação Eficaz

Responda às seguintes perguntas da maneira mais completa possível.

1) Em que contexto você estará fazendo sua apresentação?

2) Quais são os objetivos ou metas que você tentará atingir com a apresentação nesse contexto específico?

3) O que você vai usar como evidência para saber se está atingindo seus objetivos?

4) O que você vai fazer para atingir seus objetivos? Quais são as etapas e atividades específicas empregadas para atingir seus objetivos nesse contexto específico?

5) Quais são os problemas ou dificuldades que poderiam surgir? Qual será sua reação? Quais são as etapas ou atividades específicas que você vai iniciar para corrigir esses problemas ou dificuldades?

Resumo do Planejando uma Apresentação Eficaz

INSTRUÇÕES PARA RESPONDER AO QUESTIONÁRIO TOTS

Identificar o contexto no qual você estará fazendo a apresentação:
Entre na experiência "como se você estivesse nela agora".

1. Qual é o objetivo/meta que você está tentando atingir?

2. Quais são as evidências que demonstram que você está atingindo ou já atingiu os seus objetivos e metas?

3. O que você faz (quais são as operações que podem ajudá-lo) para atingir os seus objetivos?

4. Quando surge um problema/incerteza, o que você faz para corrigir o rumo das suas ações?

Pontos Principais

Você pode melhorar a sua estratégia de comunicação especificando o TOTS a ser utilizado dentro da situação em que você precisa ser capaz de fazer uma apresentação efetiva.

Para definir o TOTS a ser aplicado a uma situação futura, é importante ser capaz de pensar a respeito da estrutura do processo "como se" você estivesse vivendo a experiência.

3

EXAMINANDO DIFERENTES SISTEMAS REPRESENTACIONAIS

Fornecer um certo número de estratégias e métodos para representar conceitos, idéias e informações, e também para explorar a influência do uso de diferentes canais de representação durante uma apresentação.

- **Representando Conceitos e Idéias**
- **Outros Tipos de Estratégias Representacionais**
- **Criando Múltiplas Perspectivas**

Representando Conceitos e Idéias

Um dos processos essenciais em torno dos quais se desenvolve a atividade do apresentador é o envio de mensagens verbais e não-verbais que têm como objetivo comunicar mapas cognitivos ou ainda criar experiências referenciais para o público. Todas as mensagens devem ser transmitidas por algum tipo de meio de comunicação. Em situações de apresentação, o meio pelo qual as mensagens são enviadas compõe-se de:

1) um canal de comunicação;

2) um contexto da comunicação;

3) uma estrutura cultural que envolve a comunicação.

Os canais de comunicação relacionam-se às diversas modalidades sensoriais por meio das quais a mensagem pode ser representada. O contexto e a estrutura cultural em torno da comunicação relacionam-se aos tipos de pressuposições e inferências que serão usadas para dar sentido à comunicação.

Canais de Representação

As nossas capacidades de aprender e comunicar advêm de nossa habilidade de criar mapas mentais. Eles são construídos a partir da informação dos cinco sentidos ou dos *"sistemas de representação"*: *visão, audição, tato, paladar* e *olfato*. Os nossos sentidos constituem a forma ou estrutura de pensamento, comparado ao conteúdo. Todo pensamento que temos, independentemente do conteúdo, dependerá das imagens, do som, das sensações, dos odores ou paladares, e da maneira como essas representações se relacionam umas com as outras. Constantemente, estamos relacionando representações sensoriais para construir e atualizar os nossos mapas da realidade. Criamos esses mapas a partir de informações que nos são enviadas por nossa experiência sensorial.

"Os canais de representação" relacionam-se aos sentidos e ao tipo de modalidade sensorial ou de representação que a pessoa está empregando naquela etapa específica da comunicação ou da estratégia de aprendizagem. Quando alguém fala em voz alta está usando um canal verbal de representação externa. Uma forma mais visual ou simbólica de representação externa inclui o desenho ou a exibição de símbolos e diagramas — quando pensamos, o fazemos com imagens internas ou a partir de um diálogo interno.

Os tipos básicos de canais de representação incluídos na criação de representações são:

Verbal
Escrito
Pictórico
Físico

Verifique a maneira como você usa, interna e externamente, esses canais de representação enquanto está fazendo a apresentação. Por exemplo, quando você está estabelecendo objetivos, eles são representados visualmente? Ou são representados como ações, de maneira física? Eles são representados verbalmente? Talvez sejam representados simplesmente como uma sensação.

Da mesma maneira, você poderá verificar se as evidências que está usando para saber se está atingindo os seus objetivos são verbais, visuais, emocionais ou físicas.

Quando faz uma apresentação você tende a ser basicamente verbal? Ou também usa imagens, visualizações ou representa idéias fisicamente, por meio de "microdemonstrações"? Talvez você tenha uma preferência mais clara por um desses canais de representação.

Também é possível utilizar vários tipos ou canais de representação, ao fazer uma apresentação. Por exemplo, os objetivos de tarefas podem ser representados em termos de imagens do resultado desejado, porém, os objetivos relacionais podem ser representados de maneira verbal ou emocional. Algumas idéias ou conceitos podem ser representados em termos de múltiplos sentidos, tais como sentimentos e imagens.

Os sentidos que a pessoa usa para representar de maneira cognitiva a informação, tal como situações desejadas e conseqüências potenciais, não são simples detalhes. Por exemplo, algumas pessoas têm problemas ao realizar essas tarefas porque têm grandes visões, porém nenhuma compreensão da sensação do esforço que deve ser realizado para concretizar a visão ou então não possuem nenhuma percepção da seqüência lógica das atividades que levam ao objetivo.

Canais de Representação e Estilos de Aprendizagem

A noção de estilo de aprendizagem comporta, fundamentalmente, o reconhecimento ou a aceitação do fato de que as pessoas aprendem de maneiras diferentes. Cada pessoa desenvolve suas capacidades sensoriais em níveis diversos. Algumas pessoas são naturalmente muito visuais. Algumas têm grande dificuldade em formar imagens visuais ou pensar de maneira visual. Outras pessoas são mais verbais e podem falar e articular suas experiências com facilidade, enquanto outras lutam com as palavras. As palavras as confundem. E, ainda, há pessoas muito orientadas para os sentidos e aprendem pela ação. Um apresentador precisa levar em consideração o fato de que cada pessoa tem as suas tendências específicas.

Grande parte da estratégia de comunicação é dirigida não apenas para aquilo que o aluno deve aprender, mas também sobre quem o aluno é, e de que maneira o instrutor ou apresentador pode levar ainda mais isso em consideração. A comunicação efetiva inclui a seleção, a colocação em seqüência e a mistura dos canais que serão empregados para transmitir certas mensagens e o significado de vários canais na estrutura cultural, em que a comunicação está sendo enviada.

Influências dos Diferentes Canais de Representação

Os canais de representação são uma dimensão importante da estratégia de comunicação do apresentador. Os diferentes canais de representação e padrões verbais direcionam os processos cognitivos dos membros do grupo de maneiras diferentes e influenciam as suas percepções das relações dos diversos papéis do grupo. Por exemplo, a escrita é uma maneira simples de incentivar o consenso, porque do momento em que o que foi proposto está colocado no quadro-negro a pessoa já não está tão intimamente associada com a idéia. Exteriorizar a idéia permite separar o *quê* do *quem*.

Diferentes modalidades de representação têm pesos diferentes. O modo verbal de representação, por exemplo, tem muito peso em termos de como a informação é seqüenciada em relação às dependências lógicas. O canal visual, geralmente, é a melhor maneira de sintetizar a informação dentro do todo ou da *gestalt*. Expressar uma idéia ou conceito fisicamente faz com que apareçam os seus aspectos concretos.

É perigoso pressupor, automaticamente, que os outros têm o mesmo estilo mental que nós. Às vezes a pessoa não está acostumada a visualizar, mesmo quando se fala de algo que exija a capacidade de se lembrar ou fantasiar visualmente. Em outros momentos, a pessoa pode ter uma tendência a focalizar demais uma imagem específica que ficou gravada em sua mente. Essa imagem fica ressaltada por ser especial ou por ser a única à qual a pessoa foi exposta. Em situações difíceis ou estressantes, as pessoas geralmente se voltam para o canal representacional com o qual estão mais habituadas.

Geralmente, partimos de pressupostos de que outras pessoas têm as mesmas capacidades cognitivas que nós. Mas nem sempre é o caso. Na comunicação com os outros, entrar em contato com o seu canal de representação é um método importante para criar *rapport* e assegurar-se de que essas pessoas compreenderão a comunicação.

O aprendizado pode ser melhorado pelo fortalecimento das fraquezas da pessoa ou pelo uso das suas capacidades mais fortes. Se uma pessoa não usa a visualização, pode ser muito útil incentivá-la a pensar em termos de imagens. Se alguém visualiza bem, enfatizar e enriquecer essa capacidade também pode aumentar o aprendizado em algumas situações.

A ênfase nos diferentes canais de comunicação e de representação pode levar a pessoa a vários tipos de estilos mentais. Por exemplo, o canal visual ajuda a estimular o pensamento criativo, enquanto o canal verbal geralmente é mais efetivo para o raciocínio lógico ou crítico. Voltar a atenção para os canais físicos influencia a pessoa a assumir uma orientação de ação.

Resumindo, os canais de representação podem ser usados para melhorar a aprendizagem de várias maneiras:

1) reproduzir o canal mais usado e valorizado por aquele tipo de alunos (o uso do canal que tem o peso maior);
2) utilizar um canal que não é geralmente usado, a fim de estimular novas maneiras de pensar ou perceber (fortalecer uma fraqueza);
3) enfatizar o canal representacional mais adequado para um processo cognitivo específico ou um tipo de aprendizagem;
4) melhorar a "sinestesia" entre os diferentes canais de representação.

Resumo do Representando Conceitos e Idéias

INFLUÊNCIA DOS CANAIS DE REPRESENTAÇÃO

Diferentes canais de comunicação e de representação têm usos e forças diferentes.

- O canal verbal ajuda a colocar as idéias em seqüência.
- O canal visual é mais útil para sintetizar os elementos de uma idéia.
- O canal sinestésico ajuda a tornar as idéias mais concretas.

Usar o mesmo canal que outra pessoa ajuda a criar *rapport* e a melhorar a comunicação.

As pessoas podem ser levadas a ter vários tipos de estilos mentais por meio da ênfase de diferentes modos de representação.

- Lógico/verbal para o pensamento crítico.
- Visual para o pensamento imaginativo.
- Físico para as ações físicas.

Pontos Principais

Diferentes canais de comunicação e representação possuem diferentes usos e pesos.

Na comunicação com os outros, utilizar o canal de representação usado por eles é um método importante no estabelecimento de um bom relacionamento.

Os canais de representação podem ser usados para melhorar a aprendizagem de várias maneiras: 1) enriquecer o canal mais usado e valorizado (fortalecer aquilo que já tem peso); 2) utilizar um canal que nem sempre é usado para descobrir uma nova maneira de pensar ou perceber (fortalecer uma fraqueza); 3) enfatizar o canal de representação mais adequado a um processo cognitivo ou tipo de criatividade específicos; e 4) melhorar a justaposição e sinestesia entre os diferentes canais de representação.

Outros Tipos de Estratégias Representacionais

Assim que um conceito ou idéia foi definido, o espaço de percepção que se relaciona à idéia ou conceito pode ser explorado por meio do acréscimo de novos elementos ao mapa existente da idéia e conceito ou, ainda, por algum tipo de modificação do mapa. Existem vários processos gerais que podem ser usados melhorando e aumentando a capacidade mental e de aprendizagem. Cada um deles inclui o processo de representação de alguma coisa de forma diferente:

1) Usando representações metafóricas ou simbólicas.
2) Modificando os canais de representação.
3) Criando mapas multisensoriais.

Uma das estratégias básicas da comunicação é a representação de algo como sendo outra coisa, seja no nível da representação simbólica ou como uma metáfora. As metáforas são uma forma especial de linguagem que dão sentido a outras mensagens e fazem ligações com estruturas mais profundas que existem nas pessoas.

Em vez de secundárias à realidade, as metáforas geralmente fornecem a estrutura pela qual as situações reais e a informação passam a ter sentido. Outro elemento da estratégia de comunicação é a mudança do canal representacional por meio do qual estamos percebendo ou mapeando um conceito ou idéia — como passando do canal verbal para o visual através do desenho, ou do visual ao físico pela expressão de algo etc.

Outro aspecto básico da estratégia de comunicação é o uso de múltiplos canais de representação — como no caso de uma apresentação multimídia.

Resumindo, existem três maneiras básicas para enriquecer a representação de um conceito ou idéia: 1) metáfora e simbolismo; 2) mudança dos canais de representação; e 3) sintetização dos canais de representação.

Em geral, quanto mais plenamente a pessoa é capaz de usar os sistemas de representação, maior o número de conexões que serão estimuladas ou percebidas.

Metáforas

A metáfora é, provavelmente, a forma mais fundamental da estratégia de pensamento lateral. Em geral, pensamos em metáforas como simples "ilustrações" da realidade, mas as nossas percepções da realidade são influenciadas de muitas maneiras pelas profundas metáforas com as quais "vivemos". Isto é, geralmente organizamos a realidade de acordo com as metáforas em vez de o contrário. As metáforas oferecem representações de relações fundamentais simples, porém altamente codificadas. Geralmente, elas são a maneira mais efetiva de representar questões profundas relacionadas a valores e identidades. Por exemplo, pensar em uma empresa como uma máquina ou como uma equipe de futebol pode mudar de maneira dramática a percepção que se tem dela.

A representação metafórica é uma maneira muito comum e poderosa de iniciar novas associações com relação à compreensão de uma idéia ou conceito. É também um instrumento útil para transferir o conhecimento de um contexto para outro. Ela estimula um raciocínio que pode levar ao nível de abstração necessário para transferir ou aplicar aprendizagens específicas em contextos diferentes.

Fazer analogias entre contextos muito diversos pode criar novas áreas de espaço perceptivo. Por exemplo, talvez você venha a descobrir que embora esquiar seja algo que a pessoa faça sozinha e que o contexto de escritório inclui muitas outras pessoas, ainda assim pode haver um tipo de relevância analógica ou metafórica entre o fato de esquiar e o trabalho de escritório. Você pode fazer a analogia de que evitar árvores e buracos enquanto esquia equivale a lidar com as possíveis interferências criadas pelas pessoas com as quais trabalha.

Observar as micrometáforas dentro da linguagem idiomática usada pela pessoa (ou que são comuns a uma cultura) também pode servir para identificar pressuposições limitantes e indicar a direção de novas metáforas. Por exemplo, uma pessoa pode falar abertamente sobre um problema de comunicação em termos de uma micrometáfora agressiva como uma "batalha". Se essa metáfora for transformada em algo menos agressivo como "pisar nos pés dos outros", é possível descobrir mais facilmente novos espaços perceptivos. Da mesma forma, uma metáfora de liderança como "segurar o bastão" pode ser transformada em algo como "passar o bastão".

Universais, Metáforas e Símbolos como Forma de Transferir Conhecimento

É por meio da metáfora que a linguagem floresce.

O léxico da linguagem... é um conjunto finito de termos que, pela metáfora, pode ser capaz de englobar um conjunto infinito de circunstâncias, mesmo que seja para criar a partir daí novas circunstâncias.

Uma teoria é... uma metáfora entre um modelo e os dados. E a compreensão no campo da ciência é o sentimento de semelhança entre dados complicados e um modelo familiar... compreender algo é chegar a criar uma metáfora de familiarização para ele...

Julian Jaynes (*The Origin of Consciousness in the Breakdown of the Bicameral Mind*).

Existem dois aspectos relacionados à capacidade de transferência de uma experiência de conhecimento. Um relaciona-se à questão de analogia ou metáfora, que depende do nível entre as representações e metáforas usadas na apresentação e a realidade funcional do aluno. Uma vez que elas são semelhantes nas características relevantes para a transferência, uma poderá ser usada como experiência de referência para outra.

A analogia é uma estratégia de comunicação muito poderosa porque estimula as pessoas a raciocinar: "De que maneira isso se parece com aquilo?", "O que eu posso deduzir daquilo que já sei que serve como analogia para usar neste novo conceito ou idéia?". Por exemplo, um apresentador pode usar uma metáfora como "criar uma maçã" para ilustrar ou estimular o raciocínio em relação a "criar uma máquina". Em termos processuais, podem existir semelhanças entre os dois; porém, em um nível operacional pode haver aspectos da criação da maçã que não são transferíveis para a operação da criação de uma máquina. Geralmente, esse tipo de analogia é valioso com respeito à compreensão, mas quando se chega realmente a operacionalizar um comportamento é necessário usar um tipo diferente de simulação ou método representacional.

Os "universais" são especialmente importantes nas apresentações. São experiências ou metáforas comuns que um grupo inteiro é capaz de reconhecer e se relacionar. Um universal pode ser uma experiência comum que todos de um grupo podem ter tido ou observado. Por exemplo, algo como "uma criança aprendendo a andar" ou "preparar uma refeição" etc. Uma pergunta que o apresentador pode fazer a si mesmo é: "Quanto posso relacionar daquilo que estou tentando ensinar a experiências universais?".

Alguns universais são úteis para se compreender uma idéia ou um conceito, enquanto outros ajudam a transferir o conhecimento do ambiente onde é feita a apresentação para a realidade do público.

Existem diferentes planos quanto à universalidade de uma experiência particular. Em uma cultura específica, um conceito pode ser universal, porém a habilidade comportamental talvez não o seja. Para transferir conceitos, algo pode ser uma boa referência metafórica, mas para transferir o nível real de capacidade o apresentador talvez tenha de usar outras formas de representações ou experiências de referência.

Um terceiro elemento, que influencia a capacidade de transferência de uma experiência de conhecimento, relaciona-se ao aspecto "simbólico" dessas experiências. Os símbolos e as experiências simbólicas são um poderoso instrumento de aprendizagem. Os símbolos são geralmente associados a estruturas mais profundas de experiência, como as crenças e a identidade, e, portanto, mobilizam-nas (por exemplo, a bandeira do país, o logotipo da empresa ou um uniforme).

Uma experiência de referência também pode ter um valor simbólico. "Projetar uma maçã" pode ser uma declaração simbólica. De certa maneira, trata-se mais de um processo simbólico do que real. Ninguém realmente projeta uma maçã, mas isso simboliza a abordagem específica sobre como pensar a respeito de algo.

As experiências simbólicas geralmente são interiorizadas de forma mais profunda e transferem-se de maneira mais ampla do que um segmento ou um exemplo específicos de informação.

A representação de um papel, por exemplo, é basicamente considerada como uma modalidade para se praticar uma técnica específica. Porém, as representações de papel também possuem um valor simbólico. Por exemplo, em algumas representações, mesmo que a pessoa jamais tenha tido a experiência específica de algo que realmente aconteceu, essa experiência pode ser tão simbólica da sua realidade que chega a ser uma experiência de aprendizagem mais poderosa do que simplesmente a prática de um procedimento comportamental.

As experiências simbólicas geralmente se relacionam a crenças e valores. Elas têm um papel na cultura, comparadas a uma simples situação física. Exemplos ou analogias também podem ser simbólicos e simultaneamente instrutivos.

Pacotes Cognitivos

Os conceitos, idéias e mapas cognitivos completos são comunicados por uma série de "pacotes cognitivos". Um "pacote cognitivo" é um "segmento" de comunicação que serve para criar um mapa cognitivo maior ou contribuir para a criação de uma experiência de referência. De modo geral, um pacote cognitivo mais sofisticado pode ser formado a partir de pacotes cognitivos mais simples.

Pacotes cognitivos são elementos concretos gráficos ou verbais, de alguma forma tangíveis, ou seja, o tipo de mensagem que a pessoa está tentando enviar para formar o mapa de um conceito ou idéia e relacioná-lo a experiências referenciais. Uma transparência, um exemplo ou metáfora, uma explicação são exemplos de pacotes cognitivos, formados por diferentes modalidades de representação.

O valor de se pensar na comunicação em termos de "pacotes" é que depois conseguimos reempacotá-los ou resseqüenciá-los de acordo com o tipo de representação efetiva para um certo processo de aprendizagem. O canal representacional por meio do qual um pacote cognitivo é enviado tem uma influência importante. Uma imagem pode ajudar a visualizar um sistema completo, porém as instruções verbais são efetivas para informações de procedimento. Ações físicas podem ajudar a modelar as ações da pessoa de maneira mais direta.

A Influência de Diferentes Tipos de Representações da Aprendizagem

O espaço perceptivo é definido pelas partes do sistema de elementos que são considerados relevantes para a idéia ou conceito. A maneira como se representa um espaço perceptivo determinará o tipo de associações ou ligações que podem ser feitas. Diferentes tipos de representação "pontuam" um espaço perceptivo de maneiras distintas e iluminam diferentes fatores e relacionamentos naquele espaço específico. Diferentes tipos de representações e canais de representação também incentivam tipos diferentes de processos mentais. Por exemplo, é mais fácil fazer uma crítica em resposta a algo que foi dito do que a imagens simbólicas.

Diferentes tipos de mapas são mais efetivos para representar a informação em distintos níveis:

O que ⟶ palavras

Como ⟶ diagramas

Por que ⟶ símbolos

Quem ⟶ metáforas

A Influência de Pressuposições na Comunicação

O contexto e a cultura são outros aspectos dos meios por intermédio dos quais as mensagens são comunicadas. O contexto e a cultura determinam o tipo de pressuposições e expectativas que o grupo vai aplicar para interpretar o significado da comunicação.

A fim de dar significado a uma representação ou experiência particular, deve-se fazer *pressuposições* sobre o espaço perceptivo no qual se está operando. Diferentes pressuposições influenciam a prioridade e a relevância que se dá a elementos da idéia ou da experiência.

Resumo de Outros Tipos
de Estratégias Representacionais

OUTROS TIPOS DE ESTRATÉGIAS REPRESENTACIONAIS

- Metáforas
- Analogias
- Representações Simbólicas
- Microdemonstrações

Pontos Principais

Existem vários processos gerais que podem ser usados para melhorar e aumentar a aprendizagem. Cada um deles inclui o processo de representar a informação de maneiras diferentes.

1) Diagramas metafóricos ou simbólicos;
2) Modificação dos sistemas de representação; e
3) Criação de mapas multissensoriais.

Em geral, quanto mais plenamente a pessoa for capaz de utilizar os sistemas de representação, maior a possibilidade de aprendizagem eficaz.

Criando Múltiplas Perspectivas

Uma forma poderosa de aprendizagem cooperativa surge do fato de que as pessoas possuem mapas diferentes do mundo. A maneira como alguém representa uma idéia ou conceito específico pode, automaticamente, estimular novas perspectivas e *insights* em outros grupos.

O exercício a seguir foi feito para aproveitar esse processo natural de aprendizagem cooperativa. Ele se relaciona com as influências dos canais de representação e deve ser feito em grupos de quatro pessoas para criar a maior diversidade possível.

Cada participante escolhe uma idéia ou conceito importante ou provocador. Em seguida, o grupo pode decidir o tópico específico a ser examinado.

Os participantes do grupo devem determinar qual canal representacional é usado tipicamente para comunicar a idéia ou conceito. Depois, cada um deve apresentar duas outras maneiras de representar a mesma idéia ou conceito. Por exemplo, uma pessoa pode criar uma imagem simbólica ou metafórica ou, ainda, fazer um diagrama ou desenho. Também é possível fazer uma microdemonstração. O importante é que seja representada uma nova maneira, por um canal de representação diferente.

Cada pessoa faz a sua representação individualmente, sem olhar o trabalho das outras. Portanto, cria três representações da idéia ou conceito que ela escolheu: a representação-padrão e duas alternativas em canais diferentes. Depois, cada uma delas apresenta a idéia ou conceito aos demais, usando o canal normal e dois canais novos. O contraste de diferentes mapas e representações serve para enriquecer as percepções da idéia e conceito e criar uma compreensão mais ampla.

Este é um exercício sobre representação e ampliação da percepção de uma idéia ou conceito.

Depois que cada pessoa apresentou as três representações alternativas, os membros do grupo devem discutir o que é diferente a respeito das várias maneiras de representar a idéia ou conceito. O grupo deve determinar o que é efetivo em cada nova representação e quais são os pontos fortes e fracos de cada forma de representação para variados tipos de aprendizagem e objetivos.

Se os grupos quiserem escolher o mesmo tema a fim de explorar as possíveis generalizações, podem fazê-lo sobre um tópico relacionado à comunicação eficiente.

A pressuposição do exercício é que a criação de mapas externos por meio de diferentes canais de representação é um método efetivo para:

1) reconhecer a diversidade de estilos de aprendizagem entre as pessoas; e

2) desenvolver múltiplas perspectivas de uma idéia ou conceito.

Exercício 3: Criando Múltiplas Perspectivas

Forme um grupo de quatro pessoas. Cada uma delas será o apresentador.

1) Cada pessoa do grupo escolhe uma idéia ou conceito que seja importante ou provocador (se preferir, o grupo pode usar o mesmo assunto).

2) Cada pessoa do grupo decide o canal representacional a ser usado para comunicar a idéia/conceito.

3) Cada pessoa do grupo escolhe duas outras maneiras de apresentar a mesma idéia ou conceito; por exemplo, pictórica, metafórica, simbólica ou através de uma microdemonstração.

4) Cada pessoa apresenta o conceito ou idéia ao grupo, usando o canal habitual e dois outros novos.

5) O grupo discute o impacto e a efetividade dos diferentes modos de representação.

Após a discussão, uma segunda pessoa do grupo assume o lugar do apresentador.

4

ESTRATÉGIAS PARA PLANEJAR EXPERIÊNCIAS DE REFERÊNCIA

Examinar maneiras de transferir o conhecimento e as técnicas do contexto de apresentação para a realidade dos participantes, por meio da conexão ou "ancoragem" de mapas cognitivos com experiências de referência relevantes.

- Processos Básicos de Aprendizagem
- Tipos de Experiências de Referência
- "Ancoragem" de Experiências de Referência
- Estabelecendo e Ancorando Experiências de Referência

Processos Básicos de Aprendizagem

Mapas Cognitivos e Experiências de Referência

Em sentido mais amplo, a aprendizagem pode ser definida como uma mudança de adaptação do comportamento a partir de uma experiência. Em geral, inclui um processo pelo qual as pessoas modificam seu comportamento, a fim de poder mudar o resultado que estão obtendo no ambiente em que se encontram.

As pessoas modificam seu comportamento por meio da criação de experiências de referência pessoais e mapas cognitivos. Mesmo as formas mais simples de vida animal parecem estabelecer mapas cognitivos do ambiente em que vivem, a fim de seguir um tipo de mapa criado a partir da experiência que não advém do ambiente externo imediato. Grande parte da aprendizagem, mesmo no caso dos animais, resulta da criação de modelos e mapas cognitivos.

Entretanto, todos nós estamos familiarizados com o problema de possuirmos um conhecimento cognitivo, sem nenhum conhecimento prático. Nessas situações, sabemos "a respeito" de algo, mas não conseguimos colocar esse conhecimento em prática. Outra parte do processo de aprendizagem refere-se à facilitação do desempenho comportamental com relação a mapas e modelos cognitivos. O desempenho efetivo refere-se a colocar em prática um modelo ou fazer a ligação desse modelo com o comportamento ou experiências pessoais. Portanto, a situação primária da aprendizagem inclui a ligação de algum tipo de mapa cognitivo com algum tipo de experiência de referência concreta. Isto é particularmente importante para ajudar os participantes a transferirem os conhecimentos do contexto de apresentação para a realidade profissional.

A competência inconsciente ou latente vem da criação de experiências de referência. A competência consciente surge da habilidade em se codificar as experiências. A codificação é a criação da ligação entre um mapa, uma abstração ou código e as experiências de referência pessoais.

As técnicas básicas de aprendizagem envolvem a capacidade de se criarem mapas cognitivos e experiências de referência e perceber o estado do ambiente, para que os mapas cognitivos e experiências de referência adequadas sejam mobilizados a fim de produzir os resultados desejados no contexto do sistema atual em que a pessoa se encontra.

O processo essencial da facilitação da aprendizagem inclui ajudar os participantes a: a) criar um mapa cognitivo interno; e b) ligar esse mapa às experiências de referência adequadas, dando àquele um significado prático, em termos de observações externas e resultados comportamentais. As atividades gerais do apresentador, em um contexto de aprendizagem, destinam-se a fornecer pacotes cognitivos e criar experiências de referência por meio de algum tipo de atividade de aprendizagem.

a. *Pacotes Cognitivos* — definem um "espaço" perceptivo particular a ser criado ou aberto. Um pacote cognitivo específico é uma personificação verbal ou visual ou a manifestação de uma idéia ou conceito.

b. *Atividades de Aprendizagem* — definem as experiências referenciais necessárias para dar significado prático ao pacote cognitivo. Os códigos e exemplos verbais e os símbolos visuais que criam esses pacotes cognitivos só adquirem significado prático para o participante por meio da sua ligação com experiências de referência pessoais. Uma experiência de referência é: a) uma lembrança pessoal; b) uma demonstração comportamental observável contínua; ou c) uma experiência construída (imaginada ou fantasiada) pelo participante. O objetivo dessas experiências é ativar competências inconscientes, percepções e capacidades já existentes.

Resumindo, as atividades do apresentador servem a um dos quatro objetivos a seguir:

1. fornecer pacotes cognitivos;
2. ajudar a ampliar os mapas perceptivos do participante;
3. ativar experiências de referência para pacotes cognitivos; e
4. conectar experiências de referência a mapas cognitivos.

Para que esses objetivos sejam atingidos, é necessário ajudar os participantes a expandir os seus mapas perceptivos em relação ao material que está sendo examinado, por meio do estímulo de associações entre o material cognitivo e a realidade profissional ou geral do participante. Portanto, o participante está sempre envolvido em um ciclo que vai do pensamento à ação; do mapa ao território. Uma apresentação eficaz depende da capacidade do apresentador em usar a linguagem e outros processos cognitivos para: a) estimular os processos de aprendizagem; b) representar idéias e conceitos; e c) ajudar as pessoas a desempenharem tarefas de maneira mais efetiva.

Isso leva a três áreas básicas de enfoque, quando se cria uma estratégia de comunicação. Uma delas é o tipo de mapa cognitivo que será escolhido e como ajudar a pessoa a desenvolvê-lo em si mesma. A segunda é que tipo de experiências de referência são mais eficientes e adequadas para colocar em prática esses mapas cognitivos. A terceira diz respeito a como formar uma ligação entre os dois. Aí temos o ato final da aprendizagem — o que chamamos de experiência heurística. O reconhecimento de que: "Este mapa relaciona-se àquela experiência".

Qualquer que seja o tipo de aprendizagem, em algum nível esses três fatores estarão incluídos. Possuir: 1) alguns modelos cognitivos; 2) alguma experiência; e 3) algum tipo de ligação entre eles. Geralmente, a riqueza ou a força dessa ligação é o ponto-chave do desempenho de alto nível.

O Ciclo de Aprendizagem

Outro aspecto fundamental da aprendizagem diz respeito à maneira como as experiências de referência e os mapas ficam empilhados para criar a experiência final de aprendizagem. A experiência prática tende a ocorrer em um ciclo que inclui várias fases importantes. A competência surge do "empilhamento" de experiências de referência pela ação e expressão. A percepção consciente surge por meio de mapas cognitivos e diferenciações que podem ser usados para codificar e "compreender" comportamentos e experiências. Um caminho típico do processo de aprendizagem começa com a "incompetência inconsciente". A pessoa não conhece a técnica e, além disso, não sabe o que ela não está sabendo. Por exemplo, se perguntarmos a uma criança de 4 anos: "Você consegue dirigir o carro do seu pai?", a criança talvez responda: "Claro que eu consigo dirigir o carro do papai". Ela não apenas ainda não possui a competência como também não está consciente de que não possui essa competência. Geralmente, as pessoas nem sabem, conscientemente, que existe alguma coisa sobre a qual elas devem ser competentes. Uma pessoa que jamais teve contato com computadores não sabe quais são as técnicas e habilidades exigidas para trabalhar com eles.

A segunda fase desse caminho é, em geral, a mais provocante de todas. Ela ocorre quando o participante se torna conscientemente incompetente. E a razão pela qual digo que essa é a fase mais provocante é porque normalmente as pessoas têm reações emocionais muito fortes ao "desconhecimento". Para algumas pessoas, a compreensão está ligada à sobrevivência. Se elas não sabem de alguma coisa, ficam com medo. São como uma criança que passa a ter medo de carros, quando se apercebe de que não tem competência para lidar com "o carro do papai" e que os carros são perigosos. A criança percebe a sua incompetência como estando ligada ao perigo. Existem, também, vários julgamentos sociais negativos associados à "incompetência".

Entretanto, nem todo mundo tem uma reação emocional negativa nessa fase. Algumas pessoas ficam empolgadas quando se dão conta de que vão aprender algo novo. A diferença entre a reação positiva ou negativa a essa fase está freqüentemente relacionada à autopercepção da pessoa. O fato de uma pessoa ficar empolgada ao reconhecer a sua própria incompetência, enquanto outra fica com medo, tem a ver com as suas expectativas a respeito das suas capacidades. Se uma pessoa torna-se consciente de que existe algo que ela não saiba, mas acredita que tem capacidade, ela vai passar a perceber a tarefa de aprendizagem como um desafio. Mas se ela acreditar que não é realmente capaz, então a aprendizagem será percebida como difícil e ameaçadora. As autopercepções das pessoas são geralmente um fator relevante na sua reação à "falta de conhecimento" ou à avaliação, comparada ao desempenho.

Em termos de estratégia de comunicação, a reação das pessoas à fase de "incompetência consciente" é algo muito importante que deve ser levado em consideração. A pessoa que tem pouca confiança em sua capacidade de aprendizagem precisará de mais treinamento ou orientação, enquanto a pessoa que confia na sua capacidade de aprendizagem talvez precise apenas de uma rápida orientação. As reações emocionais à incompetência consciente variam de pessoa para pessoa, de grupo para grupo ou de cultura para cultura. Podemos partir do princípio de que pessoas que trabalham em uma fábrica podem ter confiança na sua competência em áreas técnicas, e dúvidas quanto à sua competência em áreas conceituais. Já os profissionais da área administrativa terão expectativas contrárias. Ao antecipar a reação potencial à incompetência consciente, o instrutor poderá determinar o tipo de estratégia de comunicação e ajuda de que o grupo ou a pessoa possam vir a precisar.

Após a fase de incompetência consciente vem o processo de atingir a "competência consciente". Quando uma pessoa está aprendendo a dirigir, ela aprende conscientemente a verificar o retrovisor, colocar o cinto de segurança, trocar as marchas, avaliar distâncias, lembrar-se das leis de trânsito etc. Há um certo nível de embaraço ligado a esta fase.

Segundo o caminho habitual, a pessoa finalmente chega à fase de "competência inconsciente". Ela não precisa mais pensar conscientemente sobre aquilo que está fazendo. Depois de dirigir um automóvel durante bastante tempo, o nível de esforço físico de que a pessoa precisa diminui, porque as tarefas e habilidades são desempenhadas de maneira competentemente inconsciente. À medida que as experiências referenciais são empilhadas, diminui a necessidade de mapas cognitivos explícitos.

O ciclo entre a incompetência consciente e a competência consciente para se chegar à competência inconsciente é apenas um dos caminhos possíveis. Existem também muitos casos nos quais as pessoas passam diretamente da incompetência inconsciente para a competência inconsciente. Elas desenvolvem essa competência através da experiência, porém, sem criar mapas cognitivos. Elas são conscientes, mas não podem explicar ou descrever aquilo que fazem. A sua capacidade parece mais um talento do que uma habilidade aprendida. Esta é a base do que chamamos de "aprendizagem latente" ou "aprendizagem intuitiva". Nos casos em que a pessoa pode ter um alto nível de competência inconsciente, uma possível estratégia de comunicação efetiva seria identificar os tipos de capacidades latentes que a pessoa possa ter e ajudá-la a conscientizar-se daquilo que já sabe fazer.

Por exemplo, quando nos expressamos em nossa língua materna, não precisamos pensar em organizar a gramática ou as frases enquanto falamos, pois o fazemos de maneira quase perfeita. Temos aí um exemplo de competência inconsciente. Por outro lado, se uma pessoa deseja se tornar lingüista, será importante desenvolver algum nível de competência consciente, a fim de se tornar eficiente. É difícil ensinar a alguém a estrutura da linguagem, sem a competência consciente; entretanto, é possível usar a linguagem sem estar consciente do que se está fazendo. É possível ser competente inconscientemente quando se usa a linguagem, sem ser competente conscientemente. Nem todas as pessoas que falam a sua própria língua tiram boas notas nos testes de gramática. É claro que a maneira como a gramática é ensinada nem sempre leva a uma percepção conceitual rápida da sua estrutura.

Um dos desafios básicos do instrutor ou apresentador é descobrir formas de tornar mais acessível a competência consciente. É possível criar e ensinar modelos conceituais que, não sendo orgânicos e não se adaptando aos estilos de aprendizagem de cada um, fazem com que as pessoas tenham dificuldade em reconhecer e desenvolver a sua competência.

Resumindo, a aprendizagem organizacional ocorre de duas maneiras básicas: a) por meio de um processo de aprendizagem "natural"; e b) por meio de um processo de aprendizagem "racional". No processo de aprendizagem racional, a pessoa usa instrumentos e modelos para desenvolver uma competência consciente. No processo de aprendizagem natural, a pessoa volta-se para os objetivos e caminha diretamente para a competência inconsciente, mas sem possuir modelos ou ferramentas que a ajudem a compreender, transferir ou controlar o aumento das suas capacidades. O treinamento mais institucionalizado tende a utilizar o processo "racional", que enfatiza o desenvolvimento da competência consciente, embora tantos processos de aprendizagem natural e racional sejam complementados durante o desenvolvimento da competência inconsciente.

Resumo dos Processos Básicos de Aprendizagem

PROCESSOS BÁSICOS DE APRENDIZAGEM

- Criação de Mapas Cognitivos
- Ligação dos Mapas Cognitivos a Experiências de Referência

Pontos Principais

O processo básico de aprendizagem inclui a correlação entre mapas cognitivos e experiências de referência.

Em relação ao processo básico de aprendizagem, o objetivo da apresentação é:

1) fornecer pacotes cognitivos sob a forma de linguagem, códigos e símbolos;

2) ajudar a pessoa a formar um mapa cognitivo de idéias e conceitos a serem aprendidos;

3) ativar ou criar experiências de referência concretas; e

4) facilitar a ligação de pacotes cognitivos e mapas com as experiências de referência relevantes.

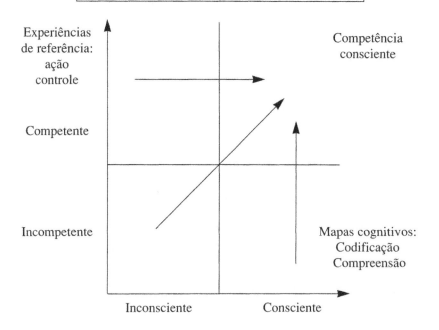

Pontos Principais

A competência surge com o "acúmulo" de experiências de referência por meio da ação e do procedimento.

A percepção consciente vem do fato de se ter mapas cognitivos e diferenciações com as quais codificar e "compreender" comportamentos e experiências.

O treinamento organizacional tende a ser um processo de aprendizagem "racional" que enfatiza o desenvolvimento da competência consciente.

Tipos de Experiências de Referência

O dever básico do apresentador é fornecer mapas cognitivos às pessoas. Quando esses mapas são fornecidos sem nenhuma experiência de referência, o apresentador ou instrutor está dando apenas informação. Em outras palavras, possuir um mapa cognitivo sem ligá-lo a experiências de referência não passa de uma simples informação. O "uso" da informação surge a partir do momento em que o mapa é ligado a atividades específicas e generalizado a outras experiências de referência. A avaliação, para saber de que maneira a aprendizagem foi feita, depende da riqueza e da força das ligações que existem entre os mapas e as experiências de referência.

A tarefa do instrutor ou do apresentador é fornecer algum tipo de pacote cognitivo e depois tentar ligar esse pacote a uma experiência inicialmente gerada dentro do contexto da sala de aula. Portanto, a pergunta seria: "O aluno pode generalizar o mapa para outras experiências e contextos?".

Digamos que eu tenha um conceito do tipo "ciclo de aprendizagem". Uma pessoa pode ter uma compreensão geral desse mapa e perguntar: "E daí?". É necessário fazer a ligação com vários exemplos de referência que ajudem a tornar esse ciclo mais concreto e significativo. A partir do momento em que o mapa estiver ligado a algumas experiências, a pessoa vai tentar relacioná-lo a outras experiências, e depois vai verificar se se trata de um exemplo adequado junto ao instrutor. O nível de aprendizagem por parte do aluno vem da geração de novos exemplos e da ligação do conceito a outras experiências, para em seguida criar uma maneira de verificar a validade daquilo que ela gerou e interiorizou.

Existem diferentes tipos de experiências de referência. Dar um exemplo do ciclo de aprendizagem pela descrição do processo de aprendizagem de como tocar um instrumento musical é um exemplo verbal. O exemplo físico ocorre quando o aluno está realmente fazendo algo. Existem, também, exemplos visuais, sob a forma de demonstrações ou ilustrações.

Durante o processo de aprendizagem, o sistema nervoso faz ligações entre um tipo de mapa e outro, e entre esses mapas e os comportamentos. As experiências vão se "acumulando" na pessoa enquanto estão sendo criadas as interligações. O aluno pode ter uma experiência de referência do que é "um ciclo de aprendizagem", sem entretanto saber como usá-lo ou por que ele é importante.

Uma consideração importante para o apresentador é saber se a experiência de referência que ele pretende ativar é: 1) uma experiência lembrada — pedir às pessoas que se lembrem de algo do passado; 2) uma experiência atual — criar algo no momento; ou 3) algum tipo de cenário construído ou imaginado.

Um cenário é uma experiência construída. Os questionários podem fazer com que as pessoas tenham acesso a experiências lembradas ou consigam imaginar incidentes futuros. As demonstrações ou simulações são usadas para produzir experiências atuais.

Por exemplo, no contexto deste livro, o primeiro exercício no qual os participantes do grupo tinham de escolher um assunto e fazer uma apresentação de cinco minutos produziu uma experiência de referência atual. Era uma ação concreta que estava acontecendo em tempo real. O formulário TOTS exige que os participantes imaginem um futuro contexto de apresentação. O exercício sobre como criar pacotes cognitivos inclui uma combinação de memória, imaginação e experiências reais atuais. Inicialmente, ele inclui o acesso a uma experiência lembrada. Depois ele faz com que os participantes criem o exemplo dentro do grupo. E, por fim, o exemplo é usado para indicar possibilidades e alternativas futuras.

A escolha do tipo de experiências de referência depende dos objetivos da apresentação e, em um certo nível, do tipo do público. Por exemplo, se um grupo não tem acesso a experiências e lembranças comuns, o apresentador deve criar algo naquele momento ou, talvez, construir ou imaginar experiências semelhantes.

A escolha também pode ser influenciada pelos estilos de aprendizagem cognitivos do grupo. Que nível de imaginação estou exigindo do grupo, comparado ao tipo de lembrança? As pessoas são diferentes nas suas capacidades de lembrar e imaginar experiências.

Resumo de Tipos de Experiências de Referência

TIPOS DE EXPERIÊNCIAS DE REFERÊNCIA

- **Atual**
  experiência externa que está acontecendo em tempo real

- **Lembrada**
  experiências lembradas do passado

- **Construídas**
  experiências "como se" que são construídas ou imaginadas pelo participante.

Pontos Principais

Existem três tipos básicos de experiências de referência: 1) as relacionadas a experiências passadas; 2) as atuais, que acontecem no ambiente presente; e 3) as construídas ou imaginadas (geralmente relacionadas ao futuro).

Diferentes misturas de experiências de referência são adequadas para apresentações, dependendo do contexto e das necessidades do contexto de apresentação.

"Ancoragem" de Experiências de Referência

O processo de "ancoragem" é usado para solidificar e transferir experiências de aprendizagem. A "ancoragem" inclui a criação de uma associação entre uma pista externa ou estímulo e uma experiência ou estado interno. Uma analogia de ancoragem é o exemplo da campainha de Pavlov. Muitas aprendizagens se relacionam ao condicionamento, que, por sua vez, se relaciona ao tipo de estímulos que ficam ligados às reações. Uma âncora é o tipo de estímulo que se associa à experiência de aprendizagem. Se a pessoa conseguir ancorar algo dentro de um ambiente de sala de aula, depois é possível trazer a âncora para o ambiente de trabalho como se fosse, no mínimo, um lembrete associativo do que foi aprendido.

Para exemplificar, um grupo de psicólogos de aprendizagem fez um estudo com alunos em salas de aula. Eles fizeram com que os alunos aprendessem um tipo de tarefa em uma sala específica. Depois, dividiram a turma ao meio, colocaram um dos grupos em outra sala e aplicaram o teste. Aqueles que continuaram na mesma sala em que aprenderam o material se saíram melhor do que os alunos que tinham ido para outra sala. Talvez isso tenha ocorrido porque havia pistas ambientais associadas ao material que eles estavam aprendendo.

Todo mundo já se encontrou numa situação em que tentava se lembrar de algo, mas por estar em um novo ambiente no qual os estímulos eram diferentes, era mais fácil esquecer. Ao desenvolver a capacidade de usar alguns tipos de âncoras, os apresentadores podem facilitar a generalização da aprendizagem nos grupos. Com certeza, haverá maior possibilidade de transferência da aprendizagem, se também for possível transferir alguns estímulos.

Existe outro aspecto da ancoragem relacionado ao fato de que os cães de Pavlov tinham de se encontrar em um estado específico para que a campainha tivesse um significado. Os cães tinham de estar com fome; só então Pavlov conseguia ancorar o estímulo à reação. Da mesma maneira, é importante o estado em que o aluno se encontra para que se possa estabelecer efetivamente uma âncora. Por exemplo, a transparência é um mapa, mas também é um estímulo. Isto é, ela fornece informações mas pode ser um disparador de uma experiência de referência. O apresentador precisa saber quando enviar ou não uma mensagem. Se as pessoas tiverem um *insight* súbito — heureca! — no momento em que se mostrar uma transparência, ela será recebida de maneira diferente, e também associada de maneira diferente, do que se as pessoas estiverem lutando para entender um conceito.

A escolha do momento é muito importante e o apresentador deve cronometrar a apresentação do material, relacionando essa apresentação ao estado do grupo. Se ele deseja apresentar um pacote cognitivo, como uma palavra-chave ou um mapa visual, é melhor esperar pelo momento em que "o ferro fica pronto para ser malhado". Quando o apresentador perceber que há um desejo, uma receptividade por parte do grupo, então ele deve mostrar os conceitos ou as palavras-chave. Isso porque o ponto básico da ancoragem é o fato de que o apresentador não apenas está dando informações; ele também está fornecendo estímulos que vão ficar ligados às experiências de referência do grupo. Por isso, os estímulos simbólicos são geralmente as âncoras mais efetivas. O tipo de pergunta que o apresentador precisa fazer é: "Quando apresentar essa idéia?" e "De que maneira eu quero que as pessoas vivenciem ou reajam a essa idéia?". Por exemplo, se o apresentador estiver estimulando uma discussão, pode surgir uma questão profundamente relacionada a crenças e valores, muito importantes, especialmente para algumas pessoas. Se nesse momento ele apresentar a informação, ela vai ficar ligada a um certo nível de interesse ou de envolvimento.

A ancoragem não é simplesmente uma maneira mecânica de apresentar mapas cognitivos e oferecer exemplos. Existe, também, a questão do nível de compromisso ou interesse do público. Às vezes, um apresentador poderá querer dar continuidade a uma discussão, não apenas porque as pessoas estão fazendo conexões lógicas, mas porque o estado do grupo está se intensificando e, talvez, ele deseje reter aquele momento. Outras vezes, se o estado do grupo estiver diminuindo, qualquer que seja a razão, o apresentador talvez não queira ancorar esse estado a certos tópicos ou experiências de referência.

Os apresentadores podem usar âncoras para terem novo acesso a estados tanto em si mesmos como também nos participantes. É possível usar uma auto-âncora para atingir o estado que o apresentador deseja como líder de um grupo. Essa auto-âncora pode ser uma imagem interna de algo que automaticamente provoca o estado; uma pessoa a quem se é ligado, por exemplo. Também é possível criar uma auto-âncora por meio de um exemplo — falar sobre os filhos ou sobre alguma experiência que possua muitas associações profundas.

Estabelecimento de uma Âncora

Uma das habilidades dos apresentadores efetivos é ser capaz de "gravar" algo pela captura desses momentos, quando a informação estiver associada a estados internos positivos ou poderosos. Pavlov descobriu que existem duas maneiras de criar associações. Uma, por meio da repetição da referência contínua que cria uma associação entre um estímulo e uma resposta. A outra refere-se à criação de algo que seja muito intenso e especificamente ligado a um estímulo específico. Por exemplo, as pessoas podem lembrar-se de algo para sempre se isto for associado a algo altamente emocional ou muito importante. Não é necessário repeti-lo. A associação é feita imediatamente.

Existem dois aspectos relacionados à criação de uma âncora em um grupo. Um é o reforço contínuo da âncora. Pavlov descobriu que se ele começasse a balançar a campainha sem dar o alimento, no final, a reação à campainha diminuiria e cessaria. Para que uma âncora possa permanecer ativa durante muito tempo, ela tem de ser, de alguma forma, reforçada. Esta é uma questão importante em relação à auto-aprendizagem e ao aprendizado contínuo, após uma apresentação. Neste caso, o que o apresentador escolhe como âncora pode ser algo que poderia ser transmitido às outras pessoas. É importante haver consistência de linguagem e modelos.

O outro aspecto diz respeito ao nível de riqueza da âncora inicial. Se o apresentador tem um tempo limitado, ele terá menos tempo para repetição. Então, terá de tentar intensificar o impacto da informação e das âncoras. É claro que é desejável ancorar aprendizagens na sala de aula ou em um ambiente de apresentação, mas a ancoragem de situações negativas é também uma parte importante da aprendizagem. As pessoas aprendem tanto com recompensas positivas como evitando punições.

A ancoragem é uma técnica interativa, mas o apresentador deve pensar nela enquanto está preparando a apresentação. Ele pode querer levar em consideração o tipo de âncoras que podem ser usadas para solidificar associações a informações ou experiências específicas. É melhor escolher estímulos para âncoras que aparecem não apenas na sala de aula, mas também na realidade do público.

A âncora escolhida vai determinar como ela poderá ser usada depois. Digamos que o apresentador esteja tentando criar um estado positivo *brainstorming*, e tenha conseguido eliciar um estado de motivação. A questão será: Como o apresentador poderá ancorar esse estado, para poder voltar ao mesmo nível de motivação de maneira mais rápida? Uma das formas possíveis é utilizando comportamentos específicos do apresentador — um contato visual ou uma expressão facial que possa usar posteriormente para disparar esse estado. Outra maneira é usar algo externo para voltar o enfoque ao grupo — como apontar para um diagrama ou indicar uma transparência.

Existem tipos diferentes de âncoras e elas podem ter implicações diversas na relação com a transferência de informação. Alguns apresentadores são muito carismáticos e as pessoas ancoram nele toda a aprendizagem. Porém, quando ele não está presente, a aprendizagem começa a desaparecer. Às vezes, é possível ancorar uma experiência bem-sucedida à técnica ou a algum tipo de estímulo simbólico. A escolha feita é uma decisão estratégica importante. As pessoas podem dizer que foram bem-sucedidas porque havia uma certa pessoa que era líder ou, ainda, porque usaram a técnica de maneira correta ou porque compreenderam o que lhes foi explicado.

Na sala de aula e em contextos de apresentação existe um certo número de âncoras naturais. Os cadernos são âncoras. Os *slogans* podem transformar-se em âncora. Quando as pessoas trabalham juntas em um mesmo ambiente, elas podem se tornar âncoras umas para as outras a fim de transferir aprendizagens de um curso ou apresentação. Quando as pessoas vêem alguém com quem participaram de uma apresentação, pode fazê-las lembrar-se do que lhes foi dito na ocasião.

Resumindo, a ancoragem está em um nível de processo diferente da codificação, permitindo a transferência do conhecimento que talvez não pudesse ser transferido de outra maneira. É um processo orgânico usado tanto dentro como fora da sala de aula. Basta pensarmos em um atleta que se prepara para uma competição.

Para dar um exemplo pessoal, quando minha esposa e eu estávamos nos preparando para o nascimento do nosso segundo filho, eu assumi o papel de preparador. Um dos desafios de ser preparador durante um nascimento é que a experiência é tão intensa, que é difícil transferir tudo aquilo que sabemos, porque a situação real é muito diferente daquela da preparação pré-natal. Nós treinamos a respiração e várias outras técnicas em casa, confortavelmente, mas quando chega o momento, nos vemos diante de uma situação completamente diferente, que torna difícil lembrar de todas as técnicas ensaiadas.

Portanto, decidimos criar uma âncora. Quando minha mulher atingiu o estado que desejava manter durante todo o processo, eu lhe pedi para criar um símbolo. O que simbolizaria esse estado? E ela imaginou uma concha marinha. É como uma concha comum que tem uma grande abertura na parte inferior, portanto, tem um agradável valor simbólico. Comprei uma dessas conchas e, durante todas as nossas sessões, ela ficava olhando para a concha. Levamos a concha para o hospital no momento do parto e ela passou a funcionar como um desencadeador contínuo, que ajudou a generalizar o estado desejado para o momento do parto. Foi muito efetivo para nós dois.

Resumo da "Ancoragem"
de Experiências de Referência

ANCORAGEM

As âncoras empregam o processo de associação para:

- concentrar a percepção

- ter um novo acesso ao conhecimento cognitivo e a estados internos

- fazer a conexão entre experiências para
  enriquecer o significado
  consolidar o conhecimento

- transferir aprendizagens e experiências a outros contextos

Pontos Principais

O processo de ancoragem é uma forma de solidificar e transferir as experiências de aprendizagem.

A ancoragem compreende a criação de uma associação entre uma pista externa ou estímulo, e uma experiência ou estado interno.

As pistas que são âncoras podem ajudar a transferir a aprendizagem para outros contextos.

Os apresentadores podem usar âncoras para ter novamente acesso a estados que já existem tanto neles como no público ao qual eles se dirigem.

TIPOS DE ÂNCORAS

- **Estímulos**
  tom de voz
  gestos
  ambientes
  palavras-chave

- **Símbolos**
  metáforas
  slogans

- **Universais**
  analogias
  experiências comuns

Pontos Principais

A pista usada como âncora pode ser verbal, não-verbal e simbólica (o apresentador em pessoa pode tornar-se uma âncora).

Geralmente, é útil que o apresentador determine previamente as pistas a serem usadas como âncoras.

Objetos e pistas comuns que vêm do ambiente de trabalho do público podem tornar-se âncoras efetivas.

Estabelecendo e Ancorando Experiências de Referência

Da mesma maneira que a riqueza de compreensão relativa ao mapa cognitivo pode ser avaliada pelo número de sentidos ligados a ele, a riqueza de uma experiência referencial pode ser avaliada pelo nível em que está ligada à imaginação, à memória e à experiência atual.

A partir do objetivo de aprendizagem de um pacote cognitivo específico, que tipo de experiências de referência podem ser criadas, levando-se em consideração o tipo de público, para atingir o objetivo de aprendizagem? Em que tipos de casos a memória é valiosa em relação à imaginação ou exemplos atuais? Além da representação da informação, as experiências de referência são a essência de uma apresentação efetiva.

Um dos pontos diz respeito ao nível de capacidade de transferência de uma experiência de referência específica. Um roteiro pode estimular a pessoa a ter acesso a experiências construídas ou lembradas, porém, se não for interativo, quando a pessoa voltar à sua realidade interativa a nova aprendizagem não ficará conectada.

Ciclo de Ancoragem e Elaboração

Outro ponto refere-se à capacidade de criar âncoras para ajudar a transferir experiências de aprendizagem a outros ambientes. Estabelece-se melhor uma âncora pela associação da pista com a experiência, e depois através de um ciclo no qual a experiência é continuamente elaborada e a âncora repetida. O ciclo de "elaboração-ancoragem" é uma maneira útil de reforçar aprendizagens e associações.

Após a primeira associação ter sido feita, o apresentador vai querer "elaborar" o número de conexões, por meio do estímulo e da ancoragem de associações do tipo: "Como isso se aplica ao seu trabalho?", "Como isso se relaciona à sua família?" e "De que forma isso se relaciona a um amigo ao a uma situação atual?". Isto não é apenas um reforço repetitivo; trata-se de um enriquecimento e elaboração do espaço de experiência que se quer ancorar.

Quanto mais elaborada ou evocada em relação a um conceito ou experiência referencial específica, mais forte será a âncora. Por exemplo, a música geralmente afeta as pessoas por causa do que estava acontecendo quando elas a ouviram pela primeira vez. Alguma coisa importante ou significativa estava acontecendo na sua vida e a música estava tocando no rádio. Esta é a essência da "nostalgia".

Quanto mais comprometida uma pessoa estiver, mais ela aprenderá e ancorará. Se uma pessoa for capaz de ancorar algo a um estímulo que já possui associações por meio de contextos múltiplos e não tão especializados, é porque há um fator de transferência automático nele incluído.

Além do mais, se a pessoa for capaz de ampliar aquilo que está sendo apresentado, a fim de demonstrar a sua importância a outras pessoas, ela também terá elaborado aquilo que está pretendendo ancorar. Se a pessoa for capaz de deduzir outras experiências referenciais e depois retornar à mesma âncora anterior, a riqueza dessa âncora ficará mais elaborada. Se existir uma associação pessoal, como uma experiência familiar, e se houver uma associação a uma experiência em sala de aula ou a uma experiência imaginada, a âncora terá uma base mais ampla de experiências de referência.

Outra questão é saber a quantos contextos diferentes pode-se levar uma âncora. Se a âncora for o apresentador, a não ser que ele acompanhe os alunos a qualquer parte, ele apenas terá ancorado a rica experiência a si mesmo. E quando as pessoas saírem da sala de aula, mesmo gostando do apresentador e estando entusiasmadas, elas não serão capazes de aplicar aquilo que aprenderam.

É possível ancorar, através da repetição de exemplos, histórias ou piadas específicas. Vamos pensar no exemplo de um grupo de amigos. Quando repetimos uma história a respeito de uma experiência específica, estamos recriando a mesma sensação que tivemos quando estávamos com os nossos amigos. A palavra "ancoragem" já é, em si, uma âncora. Durante esta discussão, conectamos um certo número de diferentes experiências referenciais ao termo "âncora". O termo "ancoragem" é usado repetidamente para elaborar a riqueza do significado que ele possui.

Exercício

O objetivo do exercício a seguir é examinar a criação de experiências de referência que estejam mais facilmente conectadas ao pacote cognitivo relevante e que possam ser generalizadas para a realidade do aluno. O processo será semelhante ao do exercício para a criação de mapas cognitivos. Primeiro, forme grupos pequenos. Cada pessoa escolherá uma idéia ou conceito importante que deve ser compreendido, lembrado e relacionado à realidade profissional do grupo. Em seguida, cada pessoa deve determinar os tipos de experiências de referência (se houver), normalmente usadas para ilustrar ou demonstrar a idéia ou conceito. Em seguida, cada pessoa deve mostrar outros tipos de experiências referenciais que possam ser usadas para melhorar a força da conexão ou a transferência da capacidade com a realidade de um grupo específico. É necessário lembrar que a criação de experiências referenciais que explicam o "porquê" será diferente da criação de experiências de referência para especificar o "como". Pacotes cognitivos específicos devem ter exigências diferentes em termos dos níveis variados de experiência e em termos de saber se a ênfase fica apenas no "que", ou no "por que" e no "o quê". Devem-se examinar os tipos de experiências de referência necessárias a serem ligadas ao tipo de nível de aprendizagem exigida pelo pacote cognitivo.

Depois, os membros do grupo devem revezar-se no papel de líder, guiando a experiência de referência e tentando "ancorá-la". O apresentador poderá usar palavras-chave, tom de voz, gestos, localização física e qualquer outra forma de "âncora".

Depois, o grupo deverá discutir o que foi diferente e efetivo nas novas experiências de referência e na "âncora".

Exercício 4: Estabelecendo e Ancorando Experiências de Referência

Formem um grupo de quatro pessoas, revezando-se no papel de apresentador.

1) Cada grupo escolhe uma idéia, técnica ou conceito que seja importante ou complicado para o grupo compreender, lembrar ou relacionar à sua realidade profissional (se quiserem, os grupos podem usar o mesmo tópico).

2) Cada um dos participantes determina que tipos de experiências de referência (se houver) são normalmente usados para ilustrar ou demonstrar aquela idéia, técnica ou conceito. É necessário estabelecer se é algo presente, lembrado ou construído, e também o tipo de aprendizagem deve ser enfatizada — o que, o como, o porquê, e quem.

3) Cada participante indica outro tipo de experiência de referência (atual, lembrada ou criada) para a mesma idéia, técnica ou conceito que irá torná-lo mais efetiva.

4) Separadamente, cada participante leva o grupo a uma viagem através da experiência de referência e tenta "ancorar" a experiência usando palavras-chave, tom de voz, gestos, localização física ou qualquer outra forma de "âncora".

5) O grupo discute o impacto e a efetividade da nova experiência de referência e da âncora.

Após a discussão, outro participante assume o papel de apresentador.

Resumo do Estabelecendo e Ancorando Experiências de Referência

QUESTÕES RELACIONADAS À "ANCORAGEM"

Quando
- o momento propício do "estímulo"

O que
- conhecimento cognitivo *versus* estados emocionais ou motivadores
- experiências positivas ou negativas

Como
- planejadas *versus* espontâneas
- reforço *versus* elaboradas

Por que
- novo acesso
- enriquecimento
- transferência

Quem
- a pessoa em relação às outras

Pontos Principais

Estabelece-se melhor uma âncora ao associar primeiro a pista com a experiência, e depois perfazendo um ciclo no qual se elabora continuamente a experiência, repetindo-se a âncora.

O ciclo "elaboração-ancoragem" é uma maneira útil de reforçar aprendizagens e associações.

A capacidade de transferência e a duração da âncora depende:

1) da freqüência com que ela é reforçada;

2) da intensidade da experiência que está sendo ancorada; e

3) da percepção da importância da âncora e de que maneira ela pode ser aplicada.

Uma experiência bem-sucedida pode ser ancorada a diferentes elementos do contexto que provocou o sucesso.

Experiências internas podem tornar-se âncoras para outras experiências internas através do processo de associação.

PARTE DOIS

ESTRATÉGIAS PARA CRIAÇÃO E IMPLANTAÇÃO DE APRESENTAÇÕES EFICAZES

Avaliação do Público

Técnicas Relacionais Básicas

Desenvolvendo Técnicas de Comunicação Não-Verbal

Avaliação e Controle do seu Próprio Estado Interno

Fases do Planejamento de uma Apresentação

Objetivos da Parte Dois

Estratégias para Criação e Implantação de Apresentações Eficazes

Os objetivos da Parte Dois são:

1. Examinar os aspectos comportamentais e não-verbais de apresentações feitas de maneira eficaz.
2. Definir maneiras para observar e modelar técnicas de apresentação eficazes em si mesmo e nos outros.
3. Enriquecer a capacidade de apresentação do leitor por meio do exame de várias estratégias e técnicas de interação com o público.
4. Definir maneiras para transferir habilidades de um contexto para outro e de uma pessoa para outra.

A Parte Dois é composta de cinco capítulos:

Capítulo 5 Avaliação do Público
Define as técnicas de observação necessárias para reconhecer e "calibrar" estados essenciais e as reações das outras pessoas.

Capítulo 6 Técnicas Relacionais Básicas
Descreve técnicas interativas básicas para compreender e estabelecer rapport *com diferentes tipos de público.*

Capítulo 7 Desenvolvendo Técnicas de Comunicação Não-Verbal
Define as áreas básicas da comunicação não-verbal para tornar possível uma apresentação e, por outro lado, examina as técnicas necessárias de suporte não-verbal da apresentação.

Capítulo 8 Avaliação e Controle do seu Próprio Estado Interno
Estabelece um conjunto de distinções e indica um método para que os apresentadores possam identificar e ter acesso a estados internos relacionados ao desempenho efetivo.

Capítulo 9 Fases do Planejamento de uma Apresentação
Fornece um método de planejamento e avaliação de uma apresentação efetiva baseada na estratégia de storyboarding *de Walt Disney.*

Pressuposições

O material que será examinado na Parte Dois baseia-se em um conjunto de *pressuposições* a respeito da interação entre o apresentador e o público. Não existe uma única maneira certa de aprender ou de ensinar. Existe uma diversidade de estratégias que podem produzir resultados mais ou menos efetivos, dependendo das características de cada pessoa, da tarefa que está sendo aprendida e do contexto.

Cada pessoa tem um mapa diferente do mundo e estilos de aprendizagem e motivações diversas. O desenvolvimento das técnicas relacionais e de comunicação necessárias para administrar essa diversidade é um aspecto importante das apresentações eficazes.

É mais eficiente utilizar estilos de aprendizagem e de apresentação diferentes para alunos diferentes, tarefas de aprendizagem diversificadas e fases diversas do ciclo de aprendizagem.

Existe uma diferença entre a forma e o conteúdo das estratégias de aprendizagem e de apresentação de cada pessoa. Alguns elementos processuais da apresentação, que são eficazes em um contexto, podem ser ou não eficazes também em outros contextos.

A capacidade da pessoa em aprender e ter um desempenho eficiente é influenciada por níveis diferentes de experiência, que podem possuir alguns elementos somente perceptíveis pela introspecção da experiência subjetiva pessoal, e outros que podem ser identificados por meio da observação de pistas externas.

A capacidade de apresentar algo de maneira eficiente é influenciada pela percepção que a pessoa tem da situação, do estado interno e das escolhas que ela acha possíveis ou disponíveis em tal situação.

Processos cognitivos subjetivos são acompanhados de micropadrões comportamentais que servem para dar apoio a esses processos cognitivos e fornecer pistas externas a eles relacionadas.

As técnicas de apresentação eficazes podem ser aperfeiçoadas e transferidas por meio da identificação e da manipulação de padrões cognitivos e de pistas microcomportamentais.

5

AVALIAÇÃO
DO
PÚBLICO

Definição e desenvolvimento das técnicas de observação necessárias para reconhecer e "calibrar" reações e estados principais nas outras pessoas.

- **Alguns Pontos Relacionados a Apresentações Eficazes**
- **Aplicações de Técnicas de Observação na Comunicação**
- **Pistas Microcomportamentais**
- **Avaliação do Público**

Alguns Pontos Relacionados a Apresentações Eficazes

Cada pessoa aprende de uma maneira, e para cada tarefa de aprendizagem deve haver uma abordagem. O fato de as pessoas terem mapas do mundo diferentes pode ser um fator positivo ou, se mal administrado, negativo dentro de uma empresa. Um dos princípios da comunicação é que alguns tipos de apresentação podem ser mais eficientes em alguns contextos do que em outros. Um outro princípio importante da comunicação é que a maneira como a pessoa apresenta a sua comunicação ou informação irá afetar o modo como ela é percebida pela outra pessoa. Quanto mais se é flexível no contexto do seu próprio mapa ou estilo de comportamento de apresentação, mais eficiente será o comunicador profissional.

Uma conclusão que podemos começar a tirar a partir do que vimos até agora é de que papéis, funções e contextos diferentes podem exigir estratégias diferentes para atingirmos um desempenho eficiente. As pessoas que têm um tipo específico de atitude ou estilos mentais podem ser mais adaptadas a alguns tipos de contextos. A sua maneira de pensar pode, naturalmente, adaptar-se a estratégias e técnicas exigidas para uma função específica. Isto é positivo, na medida em que essas diferenças fazem com que as pessoas possam servir de maneira efetiva a funções diferentes. O desafio torna-se, portanto, unificar essas maneiras diferentes de pensar, através de uma estratégia em nível macro, que administra essas diferenças em relação a um tipo de objetivo comum.

Existem, também, expressões de nível macro desses tipos diferentes de estratégias, mesmo nas várias culturas. Por exemplo, nas últimas décadas tem havido uma grande diferença entre a maneira americana e a japonesa de tratar o desenvolvimento da tecnologia. As empresas tecnológicas americanas são mais orientadas para grandes descobertas e visão de tecnologias novas e inovadoras. Por outro lado, o estilo criativo das empresas de tecnologia japonesa tem se orientado para refinar cada vez mais algo para tornálo ainda melhor. Ambas as abordagens são eficazes, porém, de maneiras diferentes.

A estrutura do processo de ensino e de aprendizagem relaciona-se ao TOTS. Qualquer atividade estruturada é orientada em direção a um objetivo e a um circuito de informação contínua que leva em direção ao objetivo desejado.

Em nível micro, já dissemos que a eficácia e a riqueza do funcionamento desse círculo de informação depende de alguns processos fundamentais relacionados à maneira como a informação é representada e apresentada sob a forma de:

1) pacotes cognitivos; e

2) experiências de referência.

Em nível macro, existem tipos diferentes de aprendizagem e de estilos de ensino que podem ser associados a processos relacionados:

a) à mistura e ao equilíbrio de vários elementos de apresentação (por exemplo, a tarefa *versus* o relacionamento);

b) ao nível da ênfase em níveis diferentes de experiência (meio ambiente, comportamento, capacidades mentais, crenças e valores, identidade);

c) aos tipos de filtros e canais de informação utilizados no estabelecimento de metas, na definição de evidências a serem observadas e na seleção das operações usadas durante a apresentação.

Resumo de Alguns Pontos Relacionados a Apresentações Eficazes

ALGUNS PONTOS RELACIONADOS A APRESENTAÇÕES EFICAZES

• As pessoas pensam e aprendem de maneiras diferentes.

• Existem tipos diferentes de comunicação e técnicas de relacionamento relacionadas aos diferentes tipos e estágios das apresentações.

• Um ponto importante durante a apresentação é o gerenciamento de vários processos cognitivos e de relacionamento tanto com as pessoas individualmente como com os grupos.

Pontos Principais

Existem diferenças entre as estratégias de aprendizagem de cada pessoa.

Diferentes tipos de estratégias de aprendizagem são eficientes em diferentes contextos e tarefas.

Microestratégias diferentes indicam estilos mentais gerais diversos.

O gerenciamento efetivo da aprendizagem organizacional inclui a coordenação de vários estilos de aprendizagem.

Aplicações de Técnicas de Observação na Comunicação

Uma habilidade importante a ser usada durante uma apresentação é a capacidade de observar pistas comportamentais associadas a atitudes e reações específicas. As atitudes são geralmente expressas por meio de pistas microcomportamentais. À medida que você se conscientiza mais sobre essas pistas, algumas delas se tornarão bastante óbvias, sobretudo nas situações em que as pessoas agem de maneira espontânea.

A fisiologia também fornece uma alavanca poderosa para reconhecer e influenciar os estados e processos mentais das outras pessoas. As pistas fisiológicas podem tornar-se âncoras para que a pessoa controle o seu próprio estado e o das outras pessoas, a fim de reproduzir ou ter acesso a experiências positivas e desempenhos eficientes. Por meio da conscientização das pistas físicas podemos ter uma ferramenta que vai ajudar as pessoas a terem acesso a um estado eficiente, qualquer que seja o contexto em que ela se encontre.

Por exemplo, talvez você tenha observado durante certas apresentações que, às vezes, as pessoas imitam o comportamento das outras. Quando interagem e começam a estabelecer *rapport*, umas com as outras, muitas vezes existe uma sincronização de alguns comportamentos. Esse processo é chamado de "acompanhamento". Se você passar a observar as pessoas, poderá notar que quando atingem realmente um profundo *rapport*, espelham bastante o comportamento das outras. Este é um princípio básico de comunicação que pode ser usado como ferramenta para ajudar a orientar as pessoas de maneira mais efetiva.

Na verdade, para assegurar-se de que você não vai interferir na forma de pensar ou aprender de alguém, ao se comunicar, mas, sim, assimilando elementos do seu comportamento, ou seja "colocando-se no seu lugar". É claro que é mais fácil fazer isso com pessoas que já se conhecem e entre as quais existe um bom nível de *rapport*. Então, neste caso, isso funciona mais como o reconhecimento do nível de *rapport* entre as pessoas. Porém, em situações em que as pessoas não se conhecem bem pode ser difícil e às vezes até parecer falta de respeito. Sugerimos que nesse tipo de situação a abordagem seja feita em etapas, isto é, começando por acompanhar um elemento de cada vez, iniciando talvez com o tom de voz, em seguida com os gestos etc.

Neste capítulo, vamos examinar de que maneira a fisiologia pode ser usada para ajudar a controlar estados e processos de aprendizagem das outras pessoas:

1) estabelecendo *rapport* pelo processo de acompanhamento e sincronização dos padrões comportamentais gerais;

2) compreendendo ou percebendo o ponto de vista da pessoa, de maneira mais plena, pelo espelhamento de elementos importantes da sua fisiologia;

3) coletando informações a respeito dos processos internos das pessoas, por intermédio de suas pistas físicas, para ajudar a ter acesso ou acrescentar estados e padrões cognitivos associados ao desempenho efetivo.

Resumo das Aplicações de
Técnicas de Observação na Comunicação

APLICAÇÃO DE TÉCNICAS
DE OBSERVAÇÃO NA COMUNICAÇÃO

1. **Estabelecendo *rapport* com outra pessoa por meio do "acompanhamento" ("espelhamento")**
2. **Calibragem da reação interna da outra pessoa**
3. **Ancoragem e novo acesso a experiências positivas**

Pontos Principais

A fisiologia pode ser usada para ajudar a administrar os processos criativos das outras pessoas:

1) estabelecendo *rapport* com a pessoa, pelo processo de acompanhamento e sincronização dos padrões comportamentais gerais;

2) compreendendo ou percebendo o ponto ʻde vista da pessoa, de maneira mais plena, pelo espelhamento de elementos importantes da sua fisiologia;

3) coletando informações a respeito dos processos internos das pessoas, por intermédio de suas pistas físicas, e ajudar a ter acesso ou a acrescentar estados e padrões cognitivos associados à aprendizagem.

95

Pistas Microcomportamentais

As palavras são apenas uma das formas de comunicação entre as pessoas. A comunicação não-verbal é tão importante, se não mais, do que a comunicação verbal. Em geral, as palavras representam as coisas das quais a pessoa está consciente, enquanto o comportamento não-verbal está, na maior parte da vezes, fora do nível consciente. As pessoas oferecem grande número de pistas inconscientes não-verbais que pode ser usado se aprendermos a observar e reagir a elas.

Um dos princípios da comunicação é que os seres humanos demonstram como estão pensando, de várias formas sutis. É possível reconhecer a maneira de pensar de outra pessoa e detectar padrões específicos. Por exemplo, algumas pistas comportamentais indicam a maneira como as pessoas estão pensando — se elas estão visualizando, ouvindo sons ou palavras, ou tendo algum tipo de emoção. Depois de descoberto o processo mental, é possível variar as técnicas de comunicação para acompanhar as da outra pessoa, estabelecendo *rapport* mais facilmente.

A postura corporal é uma influência importante do estado da outra pessoa. Por exemplo, a maioria das pessoas provavelmente achará muito difícil conseguir aprender de maneira efetiva com a cabeça para baixo e os ombros para a frente. Se você adotar esse tipo de fisiologia, verá como é difícil ficar inspirado. Quando as pessoas estão visualizando, por exemplo, normalmente adotam uma postura mais ereta. Quando estão ouvindo, em geral, inclinam-se para trás e cruzam os braços ou abaixam levemente a cabeça. Quando a pessoa está tendo algum tipo de emoção, em geral, inclina-se para a frente e respira de maneira mais profunda. Essas pistas não indicarão se o sentimento é positivo ou negativo, apenas que a pessoa está tendo acesso às suas próprias emoções. Portanto, uma pessoa pode estar bem relaxada e ter exatamente a mesma postura de outra, que está deprimida.

O tom de voz pode ser uma pista muito importante. Quando as pessoas estão visualizando, normalmente falam num tom um pouco mais alto e mais rápido. Quando têm acesso às suas emoções, a voz fica mais baixa e mais lenta. Esse tipo de padrão vocal pode afetar o estado da pessoa. Por exemplo, se o apresentador disser com uma voz baixa e lenta: "Agora eu gostaria que vocês prestassem muita atenção a esse complexo conceito", é provável que as pessoas tenham mais vontade de dormir do que de observar. Da mesma forma, se um apresentador disser: "Quero que todo mundo fique à vontade e confortável!", de maneira muito rápida e com um tom de voz alto, talvez os participantes percebam um certo tipo de incongruência. O tom e o ritmo de voz podem servir como pistas para iniciar processos cognitivos. Começa-se a prestar atenção às modificações melódicas e às flutuações da cadência, do ritmo e do tom de voz.

Os gestos são outra pista comportamental importante. Em geral, as pessoas gesticulam em direção ao órgão sensorial que está mais ativo naquele momento. Elas tocam ou apontam para os olhos quando estão tentando visualizar algo ou quando têm um *insight*, gesticulam em direção ao ouvido quando estão falando sobre algo que ouviram ou quando estão tentando ouvir alguma coisa. Da mesma forma, tocam a boca quando estão pensando em termos verbais (como a escultura de Rodin, *O Pensador*). Geralmente, quando as pessoas tocam o tórax ou o estômago, é uma indicação de sensação.

Os padrões de movimentos oculares são uma das pistas microcomportamentais mais importantes. Já se disse que "os olhos são a janela da alma". Os olhos são, também, considerados uma janela para a mente. A direção dos olhos da pessoa pode ser uma pista importante. Em geral, os olhos acompanham a visualização. O movimento ocular para a esquerda e para a direita indica audição. Em geral, os olhos para baixo indicam que a pessoa está tendo acesso a uma emoção ou sensação. O movimento ocular para a esquerda indica lembrança, enquanto que o movimento para cima e para a direita indica imaginação.

Geralmente, as pessoas dão pistas ou dicas sobre o seu processo mental, por meio da linguagem. Por exemplo, a pessoa pode dizer: "Eu sinto que isso está errado". Esta afirmação indica uma modalidade sensorial diferente daquela da pessoa que diz: "Esta idéia não está me soando muito boa", e de outra que diz: "Isso é muito claro para mim". Cada afirmação indica o envolvimento cognitivo de uma modalidade sensorial diferente.

É claro que algumas pistas podem ser idiossincráticas. Elas são específicas daquela pessoa, como muitos dos aspectos cognitivos de seu pensamento mental. Existem outros tipos de pistas que podem ser partilhados por muitas pessoas. Você poderá observar que alguns gestos mudam de significado de uma cultura para outra, porém, outros tipos de fisiologia e pistas fisiológicas também são compartilhados por várias culturas, como no caso das expressões faciais.

É importante que o apresentador saiba reconhecer tanto as pistas idiossincráticas como as pistas culturais.

Resumo das Pistas Microcomportamentais

TIPOS DE PISTAS

Cada pessoa tem suas próprias pistas para diferentes estados emotivos.	**Algumas pistas, por exemplo, os gestos, diferem entre as culturas.**

- Pistas "individuais" (idiossincráticas) e pistas "comuns":

  - dos grupos
  - das culturas

  Devem ser aprendidas para controlar bem uma apresentação

Pontos Principais

As atividades físicas podem influenciar as atividades neurológicas e vice-versa.

Algumas pistas microcomportamentais podem ser associadas a processos cognitivos.

Essas pistas microcomportamentais podem ser usadas para: 1) identificar alguns aspectos de processos mentais inconscientes; e 2) mobilizar ou reativar processos relacionados a padrões cognitivos ou estados fisiológicos ligados a um desempenho eficiente.

Avaliação do Público

Para uma apresentação eficaz é necessário poder avaliar o público. Os dois aspectos mais importantes do público, no que diz respeito à comunicação e às questões de relacionamento, incluem: 1) a atitude dos participantes; e 2) o seu estado interno. Isso determina a maneira como o apresentador deverá ajustar os aspectos interativos da apresentação, a fim de ser o mais eficiente possível com aquele público em particular. A atitude relaciona-se à reação geral do público ao contexto e tipo de material. O estado interno relaciona-se ao estado específico físico e emocional do grupo. As atitudes são associadas a crenças e valores e normalmente permanecem constantes. Os estados internos são afetados por um certo número de fatores (como a hora do dia, situações anteriores etc.) e são mais passíveis de modificação.

As técnicas de observação do apresentador são necessárias para determinar a atitude e o estado interno do público e de cada uma das pessoas ali presentes.

É importante ter a capacidade de observar, sem interpretar, durante a interação com os outros. Durante a apresentação pode ser difícil avaliar as diferenças na microfisiologia do estado de cada uma das pessoas, a não ser que se trate de um apresentador muito observador, porque, geralmente, a maioria dos comportamentos é muito sutil. Esse tipo de percepção pressupõe um certo compromisso de observação para o qual nem sempre se tem tempo. Por outro lado, pode haver alguns contextos onde valha a pena o investimento da precisão — por exemplo, com uma pessoa importante do grupo ou em um momento onde se torna muito importante, por causa do que está acontecendo na interação com os demais. Um executivo de alto escalão certa vez comentou que: "Existem momentos em que é necessário que o líder seja capaz de modificar a segunda parte da frase que vai dizer, baseando-se nas informações que recebeu enquanto expressava a primeira parte da frase". Nem sempre isso é necessário, mas às vezes as circunstâncias exigem esse tipo de observação.

A "Calibragem" é o nome que se dá ao processo de aprender a ler as reações da outra pessoa durante a interação. Em vez de prejulgar ou alucinar as reações internas do público, os bons apresentadores aprendem a ler as reações em uma situação contínua. Por exemplo, digamos que o apresentador tenha observado que sempre que o participante falava sobre a sensação de "confusão", ele franzia as sobrancelhas, contraía os músculos do ombro e trincava levemente os dentes. Se, em algum momento posterior, ele observar essas mesmas pistas enquanto o participante estiver ouvindo alguma parte da apresentação, ele poderá deduzir que o participante está sentindo a mesma sensação de "confusão" e assim o apresentador poderá reagir de maneira adequada.

É muito importante possuir a percepção sensorial necessária para fazer esse tipo de observação, em todos os níveis de comunicação. Uma maneira de aprofundar a técnica nessa área é aprender a ler a outra pessoa. Por exemplo, peça a um amigo ou colega de trabalho para pensar em algo com que ele esteja realmente satisfeito. Enquanto ele estiver pensando, observe a sua expressão facial, os movimentos oculares e as mudanças de postura. Depois peça-lhe para pensar em algo que não foi muito satisfatório e observe com atenção. Provavelmente, haverá diferenças na reação não-verbal dos dois pensamentos que você será capaz de observar. E, por fim, peça-lhe para pensar em uma ou outra das experiências, sem lhe dizer qual. Depois, "leia a mente dele", observando o conjunto de pistas, enquanto ele está pensando, e diga-lhe o pensamento que ele teve. Você ficará surpreso como conseguirá acertar.

Exercício 5: "Calibragem"
Desenvolvimento de Técnicas de Observação

A "calibragem" envolve a conexão de pistas comportamentais a reações cognitivas e emocionais internas. Faça o seguinte exercício com outra pessoa.

1. Peça à pessoa para pensar em algum conceito que ela acha que sabe e entende.

2. Observe cuidadosamente a sua fisiologia. Observe os seus movimentos oculares, as suas expressões faciais, os gestos etc.

3. Depois, peça à pessoa para pensar em algo que acha difícil e confuso. Mais uma vez, observe os olhos e as feições dela cuidadosamente.

4. Observe qual é a diferença entre os padrões de feições.

5. Agora, peça-lhe para escolher um dos dois conceitos e pensar de novo nele.

6. Observe as feições da pessoa. Você deverá poder observar traços de um dos conjuntos de feições associados com a compreensão ou com a confusão.

7. Tente adivinhar e depois verifique com a pessoa se sua resposta está ou não correta.

8. Peça-lhe para pensar em outros conceitos que acha que compreende ou que não compreende e veja se você consegue adivinhar em qual das duas categorias ela está pensando naquele momento. Confirme o que você acha, perguntando-lhe se você está correto ou não.

9. Depois, explique-lhe alguma coisa e observe se ela entendeu ou não, pela observação das suas feições. Veja se você consegue determinar o exato momento em que ocorre a compreensão.

Resumo da Avaliação do Público

AVALIAÇÃO DO PÚBLICO

Características-chave do público

- Estado interno

- Atitude

Técnicas de Observação para "Calibragem" do Estado das Pessoas e do Grupo

---

Pontos Principais

Como os estados internos, os processos cognitivos e as atitudes são expressos por indicações micro e macrofísicas; o acompanhamento ou espelhamento das indicações físicas ajuda a compreender ou a sentir como a outra pessoa percebe o mundo.

6

TÉCNICAS
RELACIONAIS
BÁSICAS

Ajuda os participantes a desenvolver técnicas de interação básicas para compreender e estabelecer rapport *com diferentes tipos de público.*

- **Estabelecendo *Rapport* com o Grupo**

- **Posições Perceptivas Básicas na Comunicação e nos Relacionamentos**

- **Estabelecendo *Rapport* com o Grupo por Intermédio da Segunda Posição**

Estabelecendo *Rapport* com o Grupo

Uma das técnicas relacionais mais importantes do apresentador é a capacidade de criar *rapport* com o público. A qualidade da informação que pode ser comunicada depende diretamente do *rapport* que se tem com o grupo. Em geral, as pessoas sentem mais *rapport* com aquelas que compartilham o mesmo modelo de mundo.

A sincronização dos padrões de linguagem é uma maneira de entrar no modelo de mundo de outra pessoa. A identificação e a assimilação das palavras-chave, das micrometáforas e dos exemplos normalmente utilizados pelo público ou por alguns dos participantes é uma maneira de compartilhar os seus mapas de mundo e estabelecer *rapport*.

O acompanhamento ou o espelhamento sutil da comunicação não-verbal também pode aumentar bastante a sua capacidade de *rapport*, porque as pessoas vão achá-lo parecido com elas. Dentre as maneiras de espelhar ou acompanhar a pessoa de forma não-verbal temos a mesma postura corporal, o uso de padrões de tom de voz e expressões semelhantes, vestir-se da mesma maneira etc. Esta é uma forma poderosa de "se colocar no lugar" do outro.

É importante, para ser um apresentador efetivo, lembrar-se de que TODO MUNDO POSSUI O SEU PRÓPRIO MAPA MENTAL DO MUNDO. Quando uma pessoa quer comunicar ou compreender algo, ela constrói um mapa mental da idéia ou do conceito. Portanto, o apresentador deve reconhecer (e em algumas circunstâncias ajudar a desenvolver) os estilos mentais do público e fornecer o máximo de opções e escolhas possíveis que se adaptem a esses estilos.

Como analogia, reflita durante alguns instantes sobre qual das casas a seguir o atrai mais:

A primeira casa é calma e pitoresca. Ela tem uma aparência bastante exótica. Você observa que ela tem um pátio muito colorido e uma área ajardinada. As janelas são grandes para que se possa desfrutar a vista. Vale a pena comprar esta casa.

A segunda casa é muito bem construída e bastante bem localizada. Ela está em uma área calma onde tudo que se ouve é o canto dos passarinhos. O interior da casa, que lembra um conto de fadas, tem uma personalidade tão forte que você vai se perguntar como pôde passar por ela sem notar antes.

A terceira casa não apenas é muito bem construída, como tem um aspecto especial. Não é sempre que você conhece um lugar com tantas características importantes. Ela é bastante espaçosa, de maneira que você possa andar por ela livremente, e aconchegante o suficiente para que você não precise gastar muito tempo cuidando dela.

Qual delas você escolheu?

Na verdade, essas descrições se aplicam à mesma casa! A única diferença é que cada uma foi escrita para atingir um sentido diferente. Se você escolheu a primeira casa, provavelmente é mais visual (orientado pela visão). Se escolheu a segunda, você é uma pessoa mais auditiva (orientada para os sons). E se você escolheu a terceira, provavelmente valoriza mais as sensações do que os outros sentidos.

Os mapas do mundo são construídos a partir de experiências que as pessoas têm por meio dos sistemas de representação sensoriais. Geralmente, quando constroem os seus mapas mentais, as pessoas sentem-se mais à vontade com um dos sentidos do que com os outros. Para algumas pessoas, "é necessário ver para crer"; outras já confiam mais nas sensações; e, por fim, outras valorizam aquilo que ouvem e procuram ouvir as opiniões de outras pessoas.

As pessoas mais visuais dizem: "Aprendemos melhor por meio de demonstrações. As pessoas aprendem pela observação. Você pode nos dar mais demonstrações?". As cinestésicas, por outro lado, dizem: "Estou muito confuso com esses exercícios. As pessoas aprendem por meio das ações. Podemos fazer mais exercícios?". E, é claro, os auditivos dizem: "As pessoas aprendem melhor pela audição e pela troca de idéias. Posso me exercitar sozinho. Você pode falar mais sobre o que acha e as suas experiências?". As pessoas têm estratégias diferentes. Portanto, é sempre bom falar um pouco, fazer algumas apresentações práticas e alguns exercícios para atingir a todos.

Geralmente, se você estiver comunicando algo a um grupo de pessoas, é bom assumir uma abordagem multissensorial. Se você estiver fazendo uma apresentação, talvez seja bom pensar: "Como posso demonstrar isso de forma visual? Como posso demonstrar isso para que as pessoas possam sentir o que estou mostrando? E como posso demonstrar isso para que as pessoas possam ouvir?". Há várias maneiras diferentes de aprender e é importante englobar todos os estilos existentes.

Uma das habilidades mais importantes do apresentador eficiente é reconhecer e respeitar os modelos de mundo das pessoas. Se você conseguir fazer isso, poderá tirar proveito da diversidade. Se não o fizer, vai ter problemas constantes.

Acompanhando e Conduzindo

No momento em que descobrimos como as pessoas raciocinam — pela observação das pistas não-verbais e/ou observando os padrões de linguagem — é possível adaptar a própria linguagem e o comportamento a fim de estabelecer harmonia e *rapport*. E isso pode ser feito pelo processo de "condução e acompanhamento".

104

O acompanhamento é o processo em que as pistas verbais e não-verbais da outra pessoa são usadas e reproduzidas a fim de copiar o seu modelo do mundo. É necessário ter flexibilidade para escolher e incorporar o vocabulário e o comportamento da outra pessoa em seu próprio vocabulário e ações. O processo é importante para todos os aspectos essenciais da comunicação eficiente (como *rapport* e confiança). Quando se está acompanhando, é necessário se colocar no lugar da outra pessoa e vivenciar o seu modelo de mundo. Ao acompanhar, é necessário comunicar-se usando a linguagem dela e através da sua maneira de pensar. Já na condução, é necessário fazer com que a outra pessoa modifique, acrescente ou enriqueça o seu comportamento ou processo mental, pela mudança sutil dos seus próprios padrões verbais e comportamentais no caminho desejado. A idéia básica do acompanhamento e da condução é, cada vez mais, mostrar à pessoa mudanças no seu comportamento e na sua maneira de ver o mundo, primeiro sincronizando e reconhecendo seu modo de ser e depois ampliando o seu modelo de mundo. Por exemplo, quando as pessoas estão aprendendo ou tendo um primeiro contato com algo novo, é melhor começar com o que lhes é familiar e depois passar para algo de novo.

Muita gente pensa que a apresentação está basicamente associada à condução. Porém, com freqüência, os apresentadores mais eficientes são aqueles que conseguem primeiro adotar o ponto de vista da outra pessoa e ir ao encontro do seu próprio modelo de mundo.

Um bom exemplo do poder de acompanhamento e da orientação pode ser encontrado em um seminário de vendas organizado para um grupo de telemarketing. Havia um cliente a quem ninguém tinha sido capaz de vender. Percebemos que a pessoa falava muito d...e...v...a...g...a...r... Mas ele era o presidente de uma grande empresa que poderia vir a se tornar um grande cliente. Então, as pessoas chegavam até ele e diziam: "Bom dia, eu sei que o senhor é um homem muito ocupado e gostaria de tomar só um minutinho do seu precioso tempo", falando em uma velocidade duas vezes mais rápida do que a dele.

Mas aquele presidente não pensava nem escutava dessa maneira. Tentando melhorar as técnicas de comunicação, um dos membros do grupo recebeu a instrução de entrar em contato com esse homem e dizer: "Bom dia... (muito devagar)... Eu sou da empresa X... e gostaria de poder ter alguns momentos... para conversar com o senhor... Quando o senhor tiver algum tempo... para examinar os nossos produtos... Eu sei que o senhor acha muito importante... ter tempo para refletir... O senhor pode me indicar quando é que poderíamos nos encontrar...", e assim por diante. Em vez de dizer: "Só vai levar um minutinho", é melhor dizer: "Quando é que eu posso contatá-lo de novo, quando o senhor tiver tempo suficiente para pensar nisso calmamente?". O presidente da empresa gostou tanto dessa abordagem que marcou uma reunião e o grupo de telemarketing finalmente conseguiu a conta da empresa.

Um dos resultados mais importantes do acompanhamento é a criação de *rapport*. Quando as pessoas sabem que você pensa como elas e que vai levar o ponto de vista delas em consideração, ficam muito menos resistentes a novas idéias.

Existem várias maneiras de acompanhar alguém. Além da sincronização do ritmo e do tom de voz, é possível também reproduzir as palavras-chave usadas pelo outro, assim como a sua linguagem representacional e postura física. Uma forma de acompanhar alguém em um nível muito profundo é falar no mesmo ritmo em que a outra pessoa respira. Você acompanhará com a sua respiração o ritmo respiratório dela.

Isso pode, inclusive, ser útil para lidar com pessoas problemáticas durante uma apresentação. Por exemplo, em uma apresentação sobre técnicas de comunicação, um participante levantou-se e disse: "É muito fácil falar sobre isso na sua posição. Mas eu vivo no MUNDO REAL. Esse negócio só funciona nos seminários. Não acho que vá dar certo com os meus clientes". Então o apresentador disse: "Por que você não vem aqui para servir de sujeito de demonstração? Finja que você é um daqueles seus clientes difíceis da vida real e vamos tentar entender como você poderá entrar mais em contato com eles".

Então, ele subiu ao palco e começou a "representar". A primeira coisa que o apresentador fez foi, de maneira sutil, imitar a sua postura corporal. Ele disse: "Eu sou um homem muito ocupado. Tenho de receber centenas de pessoas como você todos os dias. A maioria delas acaba por me fazer apenas perder o meu tempo. Vamos em frente, e acabar logo com isso". À medida que o apresentador ia respondendo ao cliente, ele começou a sincronizar a sua maneira de falar à respiração do outro e disse: "Parece... que você quer alguém... em quem possa confiar... Alguém que realmente se preocupe... com aquilo que você precisa... Pense em alguém em quem realmente já confiou... na sua vida... e em como você se sentiu... É esse tipo de relacionamento... que eu gostaria de desenvolver com você". O apresentador continuou a acompanhar o ritmo respiratório do cliente e, finalmente, cerca de três minutos depois, o homem parou e disse: "Sabe, eu pretendia resistir o máximo que pudesse, mas neste exato momento eu compraria qualquer coisa que você quisesse me vender".

Alguns Exercícios Para Treinar as Técnicas de Acompanhamento e Condução

Uma das formas mais eficientes de desenvolver a técnica de acompanhamento e condução é treinando com outra pessoa, e sendo observado. Os seguintes exercícios enfatizam diferentes técnicas de acompanhamento e condução. Cada um deles tem o mesmo conjunto de funções:

A = Aluno
B = Apresentador
C = Observador

Geralmente, é preferível que a pessoa A não saiba da tarefa específica da pessoa B, porque esta poderia ficar desconcertada. Depois de cada exercício, o observador deverá comentar o que ele observou sobre o comportamento da pessoa A (aluno) em *reação* ao comportamento da pessoa B (apresentador). A pessoa A deve relatar o que pensou, o que sentiu e o nível de *rapport* com a pessoa B.

Rapport Não-Verbal

O primeiro exercício examina o relacionamento entre a sincronia verbal e não-verbal. B começa por sincronizar A, tanto no nível verbal quanto no não-verbal. Depois, B deixa de sincronizar A verbalmente, porém continua a sincronizar-se com ele de modo não-verbal. Em seguida, B sincroniza A verbalmente enquanto deixa de sincronizar de forma não-verbal. Finalmente, B volta a sincronizar-se com A tanto no nível verbal quanto no não-verbal. Os efeitos na pessoa A podem ser muito diferentes, dependendo do canal representacional que A usa mais. Se A for uma pessoa mais verbal, ela será mais afetada pela falta de sincronização verbal. Se A for mais orientado visual ou fisicamente, talvez ele sinta-se mais receptivo à sincronização ou à falta de sincronização não-verbal de B.

1. B começa a conversar com A, pedindo a sua opinião sobre vários assuntos.

2. Enquanto B conversa, ele começa a sincronizar de maneira muito sutil alguns aspectos da fisiologia de A (incluindo o ritmo e o tom de voz). Fica mais fácil dentro do contexto de escuta ativa ou recapitulação.

3. Quando B já estiver espelhando completamente A, ele poderá verificar o nível de *rapport* pela condução, isto é, B modifica alguns elementos mínimos da fisiologia de B e observa se A o acompanha.

4. Quando ele estiver convencido de que existe *rapport* suficiente, B começa a discordar verbalmente de uma das opiniões de A, enquanto continua a sincronizar a sua fisiologia. (C deve observar se A encontra-se em *rapport* ou se está tendo dificuldade em se relacionar com B).

5. Em seguida, B deve deixar de se sincronizar fisicamente com A, porém deve continuar a concordar verbalmente com uma das suas opi-

niões. (C deve observar se A está em *rapport* ou se tem dificuldades em se relacionar com B.)

6. B conclui mais uma vez, sincronizando-se fisicamente com A e calibrando-se para observar se existe *rapport*.

Acompanhamento e Condução Durante a Calibração

O acompanhamento e a condução podem ser usados para influenciar o rumo dos pensamentos da pessoa. Neste exercício, a pessoa B tenta conduzir A para fazer uma associação específica pelo acompanhamento da fisiologia exibida por A, enquanto pensa em uma experiência específica.

1. B deve pedir a A que pense em alguém que ele considere realmente "atraente e interessante", e em alguém que o considere "chato", a fim de calibrar as diferenças da fisiologia de A.

2. Depois, B deve continuar a perguntar a A a respeito das duas pessoas, enquanto espelha a fisiologia que A assume enquanto fala sobre essas pessoas. Fica mais fácil fazer isso se B continuamente recapitular cada um dos comentários de A (isto é, aplicar a escuta ativa).

3. Em seguida, B deve levar A a pensar em uma das duas pessoas, durante a parte de adivinhação do exercício, enquanto orienta A para a fisiologia que ele associa com aquela pessoa, perguntando: "Escolha ao acaso uma das pessoas e pense nela agora".

Espelhamento Cruzado

O apresentador nem sempre pode espelhar diretamente o padrão comportamental dos outros. Neste exercício, a pessoa B deve acompanhar e conduzir, coordenando um padrão do seu próprio comportamento com um padrão comportamental da pessoa B.

1. B começa a conversar com A. B deverá descobrir algo contínuo e repetitivo no comportamento de A (como o ritmo respiratório).

2. B deve "espelhar" ou acompanhar esse comportamento repetitivo, usando outro padrão comportamental, por exemplo, B acompanha o ritmo respiratório de A balançando a cabeça no mesmo ritmo da respiração de A. (Isso é feito mais facilmente dentro do contexto da "recapitulação" ou da "escuta ativa".)

3. B testa o nível de *rapport*, aumentando o comportamento "cruzado" e observando se o comportamento repetitivo de A modifica-se de maneira concomitante.

Resumo de Estabelecendo *Rapport* com o Grupo

ACOMPANHAMENTO E CONDUÇÃO

"Acompanhamento" = **Sincronizar ou espelhar o padrão de comportamento da outra pessoa**
- Sincronizar ou usar palavras-chave
- Espelhar gestos
- Falar em um tom de voz semelhante

"Condução" = **Modificar aos poucos o seu próprio comportamento para conduzir ou modificar o padrão de comportamento da outra pessoa**
- Inserir ou acrescentar novas palavras
- Incorporar novos gestos
- Modificar o ritmo ou o tom de voz

Pontos Principais

"Acompanhar" (sincronizar, espelhar) pistas verbais e não-verbais ajuda a criar *rapport*.

Depois do "acompanhamento", as pessoas ou grupos podem ser "conduzidos" a diferentes estados ou processos mentais pela modificação de expressões verbais ou pistas físicas importantes.

Posições Perceptivas Básicas na Comunicação e nos Relacionamentos

Nossas percepções das idéias ou experiências podem ser afetadas profundamente pelo ponto de vista ou perspectiva a partir da qual nós as consideramos. Existem três posições "perceptivas básicas", pelas quais a situação de comunicação pode ser observada. As posições perceptivas referem-se a pontos de vista fundamentais que podem ser tomados no que concerne ao relacionamento entre uma pessoa e outra:

Primeira posição: associada a seu próprio ponto de vista, crenças e pressuposições, olhando o mundo externo através dos seus próprios olhos.

Segunda posição: associada a partir das pressuposições, crenças e pontos de vista da outra pessoa, olhando o mundo externo através dos olhos dela.

Terceira posição: associada do ponto de vista externo ao relacionamento entre você e outra pessoa.

Provavelmente, uma das técnicas relacionais mais importantes que o apresentador pode desenvolver é a habilidade de passar de um ponto de vista para outro, assumindo múltiplas perspectivas de uma situação ou experiência. Tente assumir as diferentes posições perceptivas numa situação de apresentação, com o seguinte exercício.

1. Reflita sobre uma apresentação difícil que você está fazendo ou pretende fazer.

2. Coloque-se plenamente na primeira posição, imaginando que o público está presente aqui e agora e que você está olhando para ele com seus próprios olhos.

3. Agora, imagine que você está "no lugar dos participantes", olhando para você a partir dos olhos deles. Assuma as pressuposições, crenças e perspectivas do público, como se você fosse um dos participantes, por alguns instantes.

4. Agora observe a relação entre você e o público como se fosse um observador assistindo a um filme de vídeo sobre um apresentador interagindo com o público.

Observe como o fato de adotar diferentes posições perceptivas modifica a sua percepção da experiência. Que novas revelações obteve a respeito de si mesmo, do público ou da situação?

Resumo das Posições Perceptivas Básicas na Comunicação e nos Relacionamentos

---

POSIÇÕES PERCEPTIVAS BÁSICAS NA COMUNICAÇÃO E NOS RELACIONAMENTOS

- **"Primeira posição"**
  Pelos seus próprios olhos e do seu ponto de vista do mundo
- **"Segunda posição"**
  Assumir o "lugar" da outra pessoa
- **"Terceira posição"**
  Do ponto de vista do observador

Pontos Principais

Existem três posições perceptivas fundamentais que devem ser adotadas em qualquer contexto relacional e de comunicação.

O ponto de vista da primeira pessoa — de si mesmo.

O ponto de vista da segunda pessoa — outros que estão envolvidos na situação.

O ponto de vista da terceira pessoa — um observador imparcial.

Colocar-se no lugar do público é uma técnica importante para fazer uma apresentação eficaz.

Assumir a "segunda posição" permite esclarecer a extensão do conhecimento da pessoa sobre o ponto de vista do outro e descobrir áreas onde é necessário maior clareza.

Estabelecendo *Rapport* com o Grupo por Intermédio da Segunda Posição

A avaliação do público implica reunir informações obtidas sobre os alunos e suas necessidades. É necessário não somente saber determinar o que as pessoas precisam, mas também a maneira como elas aprendem. Para tanto, é preciso compreender os seus valores, suas crenças e a forma como elas vêem a si mesmas.

No próximo exercício, mostraremos como "assumir o lugar do outro" e examinar o ponto de vista dele em relação a você.

Reúna um grupo de quatro pessoas. Cada pessoa deverá identificar um tópico ou conceito e um público típico ou problemático. Os membros do grupo devem representar o público, colocando-se no lugar das pessoas do público. O público deve assumir o ponto de vista dos receptores e avaliar o quanto compreendem do tópico e, mais ainda, o *rapport* que eles têm com o apresentador.

Antes de iniciar, o apresentador deve assumir a segunda posição do público, assumindo o seu ponto de vista. A partir daí ele deverá refletir sobre o tipo de palavras, exemplos, metáforas ou tom de voz que o ajudariam a estabelecer *rapport* com o público. Em outras palavras, o que o participante mais gostaria de ver e ouvir?

Para aprofundar o ponto de vista da segunda posição, o apresentador pode levar em consideração: 1) quais as capacidades cognitivas necessárias para compreender o assunto. O que isso pressupõe que o público deva ter de saber? 2) Existem questões de motivação ou crenças pressupostas pelo assunto? Como o assunto se enquadra aos valores e motivações do público? 3) De que maneira o público se vê? Algumas pessoas podem ter autoconceitos limitantes em relação a alguns tipos de informação. Elas podem pensar: "Isto não é importante" ou, ainda, "Isto não é matemático", "Isto é complicado demais". Portanto, é preciso conhecer as suas autopercepções.

A importância de se fazer este exercício a partir da segunda posição, antes de começar a apresentação, é que ou você: a) esclarece a sua compreensão do ponto de vista do público; ou b) se dá conta de que não sabe a resposta e precisa obter mais informações. Este exercício também indica que aspectos do público você já conhece e quais são aqueles que precisam ser mais bem conhecidos. Talvez você não saiba que tipo de valores seriam necessários do ponto de vista do participante. Se não souber responder a uma dessas perguntas, o exercício o ajudará a identificar áreas de pesquisa e maior avaliação.

Assumir previamente a segunda posição com o público também permite adaptar a sua apresentação ao momento atual. É importante sempre lembrar-se de que mesmo se você fizer uma avaliação das necessidades, "o mapa não é o território". Talvez você tenha feito uma pesquisa extensiva e ao se ver em uma situação de sala de aula ou de apresentação poderá encontrar um grupo diferente daquele que estava esperando. Por esta razão, você estará o tempo todo assumindo o lugar do público em pontos importantes durante a apresentação do programa. Vale a pena fazer uma avaliação contínua verificando as perspectivas do público.

O apresentador deverá incorporar a informação reunida a partir da segunda posição na apresentação ao público, aplicando a técnica de "acompanhamento e condução" para atingir e manter *rapport* com o público, durante toda a apresentação.

Após a apresentação, tanto o grupo quanto o apresentador devem comparar suas percepções do público e discutir o que foi eficaz a respeito da apresentação, sobretudo no que diz respeito ao *rapport* sentido pelo público. O apresentador deverá revelar as pistas ou estilos mentais que ele estava tentando acompanhar e conduzir.

Exercício 6: Estabelecendo *Rapport* com o Grupo por meio da Criação da Segunda Posição

1. O apresentador define um tópico e um público típico ou problemático.

2. Os membros do grupo devem representar o público.

3. O apresentador vai para a "segunda posição" com o público e pensa em que palavras, exemplos, metáforas, tom de voz etc. ajudariam a entrar em *rapport* com o público.

O apresentador poderá aprofundar a segunda posição levando em consideração três níveis de análise:

a) As técnicas e capacidades pressupostas. Será que o tópico pressupõe que a pessoa já sabe alguma coisa ou sabe como fazer alguma coisa? Que tipo de competência consciente ou inconsciente é pressuposta?

b) Os valores e crenças pressupostos. O tópico pode incluir crenças sobre a empresa e também sobre os valores individuais. Qual é o sistema de crenças deste público? O que o público acha a respeito da apresentação e do apresentador?

c) As autopercepções do público. Que tipo de questões de identidade, ou de questões de modelo de identidade, podem ser analisadas ou pressupostas pelo tópico?

4. O apresentador expõe o tópico e tenta atingir e manter *rapport*, a partir das informações obtidas na "segunda posição".

5. O grupo analisa o que foi eficaz e teve impacto em termos do nível de *rapport* e da capacidade dos apresentadores em acompanhar e orientar.

7

DESENVOLVENDO TÉCNICAS DE COMUNICAÇÃO NÃO-VERBAL

Define as áreas básicas da comunicação não-verbal das apresentações e analisa as técnicas necessárias para dar apoio não-verbal à apresentação de outra pessoa.

- **Mensagens e Metamensagens**
- **Técnicas Básicas de Comunicação Não-Verbal para Fazer Apresentações Eficazes**
- **Uso de Pistas Microcomportamentais**

Mensagens e Metamensagens

A eficácia da capacidade de aprender em grupo depende da habilidade de as pessoas do grupo comunicarem-se entre si. A comunicação entre as pessoas ocorre tanto no nível verbal quanto no não-verbal e existem influências verbais e não-verbais do comportamento do grupo como um todo.

O apresentador pode observar e incentivar de maneira não-verbal estados positivos que surgem espontaneamente em um grupo. Um desses métodos é chamado de *shaping**. O *shaping* é um incentivo feito de maneira fisiológica. Por exemplo, um professor de psicologia fez uma experiência com um grupo de alunos universitários. Ele os instruiu a cumprimentarem e expressarem aprovação para todas as mulheres que estavam usando suéteres vermelhos. Eles não deveriam comentar sobre o suéter em si, mas simplesmente dizer, por exemplo: "Como você está bonita hoje" ou, então, apenas sorrir. Uma semana depois da experiência, o professor entrou no refeitório da faculdade e quase todas as mulheres estavam usando suéteres vermelhos.

Aparentemente, os alunos também decidiram usar esse processo para fazer uma experiência com o professor. Se o professor fosse para um lado da sala quando estava expondo a matéria, os alunos combinaram de bocejar e assumir uma atitude entediada. Se ele fosse para o outro lado da sala, todos ficavam sentados eretos, balançavam a cabeça e agiam como se estivessem muito interessados. Depois de um certo momento, o professor estava dando toda a matéria da aula apenas de um lado da sala!

Os executivos, com freqüência, fazem coisas semelhantes, sem se darem conta do que estão fazendo. Por exemplo, um alto executivo da IBM, inconscientemente, usou este processo de *shaping* para orientar as pessoas a "se darem conta" de que elas concordavam com a sua abordagem. Quando ele estava falando com alguém que concordava mais ou menos com ele, o executivo era um ouvinte maravilhoso e participante. Ele olhava diretamente nos olhos da pessoa, balançava a cabeça e dizia coisas do tipo: "É verdade?", "Isto é muito interessante", "Conte mais um pouco sobre esta idéia". Porém, se a pessoa começasse a desviar para um caminho de que ele não gostasse, ele ficava olhando fixamente para a frente e simplesmente murmurava: "Ah, é... É mesmo...". Era como se a outra pessoa estivesse falando com um muro de pedra. Assim que a outra pessoa voltasse a dizer coisas com as quais ele concordava, o executivo ficava animado de novo e tornava-se muito interessado no modo de pensar do interlocutor. As pessoas acabavam por perceber sua atitude, sem entender exatamente o que estava acontecendo.

Esses tipos de pistas são chamados de "metamensagens". O processo básico da comunicação inclui a transmissão de ambas as mensagens, que le-

---

* *To shape*: dar forma, moldar, configurar. (N. da T.)

vam, em si, o conteúdo da comunicação e as "metamensagens", que são mensagens de um nível mais elevado a respeito do conteúdo. As metamensagens são mensagens *a respeito* de outras mensagens. As metamensagens referem-se geralmente ao: a) tipo ou nível da mensagem que está sendo enviada; b) estado da pessoa; ou c) *status* ou relacionamento entre os membros do grupo. As pessoas também enviam metamensagens a respeito daquelas que receberam, como no caso do executivo da IBM.

As metamensagens são essenciais para interpretar a mensagem. Existe uma diferença entre o que a pessoa "diz" e o que ela "quer dizer" ou pretende. A mensagem recebida nem sempre é a pretendida ou a que foi realmente enviada. E, no dia-a-dia, o significado da comunicação com outra pessoa é aquilo que ela percebeu, independentemente daquilo que se pretendeu comunicar.

A estrutura do gerenciamento da interação entre as mensagens e as metamensagens envolve três processos contínuos e fundamentais de microcomunicação:

1) usar a técnica de observação e o *feedback* para reduzir as distorções entre a mensagem que se pretendeu enviar e a recebida;

2) determinar a seleção e a combinação das mensagens e da metamensagem;

3) assegurar-se de que as micromensagens servem de apoio a uma mensagem mais ampla e levam ao resultado desejado da comunicação.

Resumo das Mensagens e Metamensagens

A INFLUÊNCIA DA COMUNICAÇÃO VERBAL E NÃO-VERBAL

Existem dois tipos de mensagens na comunicação:
1. **O conteúdo verbal**
2. **As metamensagens não-verbais: mensagens sobre o tipo de mensagem verbal enviada**

As metamensagens são necessárias para se poder interpretar a mensagem.

- As metamensagens são geralmente analógicas, isto é:
  - tom de voz
  - ênfase em um dos segmentos da frase
  - intensidade das expressões faciais
- Num grupo, as metamensagens referem-se a relacionamentos.

Pontos Principais

A comunicação efetiva inclui tanto as mensagens quanto as "metamensagens". As "metamensagens" são mensagens *a respeito de* outras mensagens e elas ajudam o receptor da mensagem a interpretar o significado pleno da mensagem.

As metamensagens são, basicamente, a parte não-verbal da comunicação. Geralmente relacionam-se ao contexto, ao estado, ao relacionamento e ao nível do enfoque no qual a mensagem está sendo enviada ou recebida.

Técnicas Básicas de Comunicação Não-Verbal para Fazer Apresentações Eficazes

Existem várias classes de atividades relacionadas ao controle do relacionamento entre as mensagens e as metamensagens dentro do contexto de apresentação:

1) A seleção e a segmentação da mensagem plena dentro das metamensagens e dos elementos do conteúdo.

2) A determinação dos canais por meio dos quais a mensagem e a metamensagem serão enviadas.

3) O reconhecimento e a reação a metamensagens e mensagens recebidas como *feedback*.

Uma estratégia de comunicação eficiente inclui elementos que são previamente planejados e aspectos que são selecionados ou adotados em resposta ao *feedback*. Os aspectos planejados previamente, necessários à determinação das metamensagens para uma apresentação, relacionam-se essencialmente à maneira como a informação está sendo preparada e passada. Por exemplo, uma mensagem que está incluída em um manual e é mostrada em transparência torna-se uma metamensagem a respeito do significado da informação. O nível de engenharia do material ou simplesmente a quantidade desse material é uma metamensagem sobre quanto tempo foi gasto para prepará-lo. Quer o material impresso seja dado no início da aula ou distribuído durante a apresentação, trata-se de uma metamensagem sobre a maneira como esta informação é percebida, em relação às outras informações que foram apresentadas.

Os aspectos "cara a cara" do controle de mensagens e metamensagens são basicamente relacionados ao comportamento não-verbal e às respostas do apresentador e do público. Na comunicação cara a cara as metamensagens são geralmente transmitidas de forma não-verbal. As pessoas constantemente enviam metamensagens, mesmo quando não estão conversando. Os lingüistas chamam isso de fenômeno dos "resmungos e ruídos". Quando as pessoas estão escutando, geralmente emitem ruídos do tipo "Ah", "Uh huh", "Hhmmm" etc. Esses sons não são aleatórios. Se alguém está dizendo rapidamente "Ah ha, ha ha, ha ha", isto indica que ela está recebendo a mensagem diferente da pessoa que vagarosamente diz "Ahhh haaaa".

A mesma mensagem terá significados diferentes quando acompanhadas por metamensagens não-verbais. Por exemplo, vamos examinar a diferença das implicações das seguintes mensagens:

"Você não deveria estar fazendo *isto* aqui",

"Você *não deveria* estar fazendo isto aqui",

"*Você* não deveria estar fazendo isto aqui".

Dependendo da inflexão da voz, a mensagem assume implicações diferentes relacionadas a um nível específico de ênfase: Você (identidade) não deveria (crenças/valores) estar fazendo (capacidade) aquilo (comportamento) aqui (ambiente). É a presença ou falta dessas metamensagens que geralmente determinam a maneira como a mensagem é interpretada, e se será interpretada de forma adequada. Por exemplo, se o apresentador disser: "VOCÊ não estava respeitando as regras", isto pode ser entendido como uma mensagem

118

a respeito da identidade. Se o apresentador disser: "Você não estava respeitando as REGRAS", ele deixa de enfatizar a identidade individual e passa a enfatizar o porquê e o como.

Uma técnica não-verbal típica é a capacidade de usar a ênfase da voz. Se o apresentador disser: "Agora eu quero que você preste atenção ao que eu vou dizer em seguida", com uma voz monocórdica, provavelmente não atingirá o objetivo pretendido de chamar a atenção do público. A mesma mensagem dita com um outro tom de voz seria enfatizada como a metamensagem que daria à frase um significado diferente. O apresentador diria: "Eu quero que você preste atenção (enfatizando verbalmente) ao que vou dizer em seguida". O aspecto não-verbal da comunicação influencia a maneira como as pessoas recebem a mensagem. Os alunos geralmente recebem tanta informação que um ponto importante é saber o que enfatizar e o que é importante. Geralmente, isto é feito por metamensagens não-verbais que acompanham a informação.

Já foi feita uma experiência com a influência das metamensagens em relação ao computador. Um dos problemas é que o computador não emite metamensagens. Portanto, um especialista decidiu programar o computador para enviar metamensagens às pessoas que o utilizavam. O computador deveria imprimir respostas do tipo: "Claro", "Estou entendendo", "Muito bem". As pessoas que usavam este computador passaram a adorar usá-lo! Elas se tornaram mais produtivas com o computador porque de alguma maneira sentiram maior *rapport* com ele, mesmo que não conseguissem dizer exatamente o porquê.

Diferentes tipos de metamensagens são usados de formas diferentes, em culturas variadas. Por exemplo, foi feito um estudo sobre as interações entre as pessoas que freqüentam os *pubs* ingleses e os bares franceses. Ele descobriu que os franceses se tocavam uma média de cerca de 110 vezes por hora. Já os ingleses, cerca de três vezes por hora.

As metamensagens não são apenas realces vocais; elas advêm de outros aspectos não-verbais da apresentação. Além da inflexão de voz, o apresentador envia mensagens não-verbais através de gestos e do movimento corporal. Arrumar a sala onde será feita a apresentação é, de certa maneira, uma metamensagem sobre o tipo de interação que desejamos que as pessoas tenham entre si.

O relacionamento geográfico entre os membros do grupo tem uma influência não-verbal importante nos processos desse grupo. Geralmente, existe uma influência física e simbólica no *shaping* da interação entre os membros do grupo. Por exemplo, sentar em círculo, como em uma mesa-redonda, incentiva certos tipos de *feedback* e interações entre os membros do grupo, mais do que sentar em uma mesa retangular ou em um estilo de platéia de teatro. Uma mesa-redonda também passa um tipo diferente de relacionamento simbólico entre os membros do grupo. Esta influência é chamada de "psicogeografia".

Exercício de Shaping

O *shaping* é uma técnica de comunicação não-verbal muito simples. Ela demonstra o tipo de influência reforçada que o comportamento não-verbal de uma pessoa pode ter sobre as ações de outra (como no caso do executivo da IBM, descrito anteriormente). A seguir, apresentamos um exercício simples sobre o *shaping* entre três pessoas: A, B e C.

1. B começa uma conversa com A. B "molda" A de maneira sutil, reforçando algum aspecto do comportamento de A com uma metamensagem não-verbal (por exemplo, expressão facial, tom de voz etc.).
2. C tenta detectar quais dos comportamentos de A estão sendo moldados e que pista de reforço B está utilizando.

Resumo das Técnicas Básicas de Comunicação Não-Verbal para Fazer Apresentações Eficazes

---

TÉCNICAS BÁSICAS DE COMUNICAÇÃO NÃO-VERBAL PARA FAZER APRESENTAÇÕES EFICAZES

Capacidade de usar metamensagens
- Tom de voz
- Gestos
- "Âncoras Espaciais"

Capacidade de reconhecer metamensagens

Capacidade de reagir a metamensagens usadas como *feedback*

Pontos Principais

Existem várias classes de atividades relacionadas ao controle de mensagens:

1) Seleção e segmentação da mensagem inteira dentro das metamensagens e elementos do conteúdo.

2) Determinação dos canais pelos quais serão enviados os elementos da mensagem e da metamensagem.

3) Reconhecimento e reação às mensagens usadas como *feedback*.

Uso de Pistas Microcomportamentais

O estado do grupo é uma das influências básicas da eficácia da apresentação. O estado da pessoa influencia a sua capacidade de aprender e o seu nível de motivação. Este estado está relacionado com a experiência interna dos alunos. Eles estão cansados? Chateados? Céticos? Cada pessoa receberá a mensagem de maneira diferente, dependendo do seu estado interno e de como ela vê o apresentador. Se o apresentador for considerado um especialista na sua área, as pessoas assimilarão a mensagem de uma maneira diferente do que se ele for um simples colega. Se as pessoas estiverem muito empolgadas, vão perceber as mensagens de maneira diferente do que se estiverem distraídas. Como analogia ou metáfora, vejamos o corpo como um tipo de circuito. Se esse circuito for modificado, é possível colocar a mesma informação e obter um resultado diferente. Os tipos de estado mais importantes para uma apresentação incluem: atenção, motivação e concentração.

Que tipos de influência há no estado da pessoa que o apresentador pode levar em consideração? O que afeta os estados da pessoa? Algumas das influências básicas sobre o estado do grupo são: 1) o ambiente; 2) a fisiologia das pessoas; e 3) as metamensagens do apresentador.

O ambiente é, certamente, uma influência significativa nos estados das pessoas. A temperatura, as luzes e a disposição da sala são estímulos que afetam a fisiologia de cada um.

Outra grande influência nos estados das pessoas é a sua própria fisiologia. Se uma pessoa se senta de uma certa maneira durante muito tempo, esta posição vai afetar a sua respiração e outros microcomportamentos que influenciam os processos cognitivos. Se a pessoa se sentar ereta e respirar de forma profunda, dificilmente adormecerá. Portanto, o apresentador pode fazer algo para modificar a fisiologia dos seus ouvintes.

Uma terceira influência importante são as metamensagens não-verbais do apresentador. A metamensagem pode ser usada para identificar e influenciar os estados internos do apresentador e do estado do público. As pistas microcomportamentais não-verbais podem tornar-se uma alavanca poderosa para modificar os estados e os processos mentais das outras pessoas. O apresentador pode dizer com um tom de voz monótono: "Agora eu vou falar sobre algo muito importante deste seminário, para que...". Ou então, ele pode dizer: "AGORA! Vou falar com vocês sobre algo MUITO importante!".

As pistas fisiológicas são também "âncoras" usadas para controlar o próprio estado, a fim de reproduzir ou ter acesso a um estado específico, sempre que desejado. Através da percepção das pistas físicas, é possível ter um instrumento que ajude a entrar em um estado adequado, sem levar em consideração o contexto. É possível, também, ancorar de maneira não-verbal processos em um grupo associando algumas pistas com o estado desse grupo. Por exemplo, quando um grupo encontra-se em um estado de aprendizagem particularmente produtivo, o apresentador pode dar algum tipo de estímulo, como bater palmas ou fazer um gesto de incentivo. Pouco tempo depois, o fato de bater palmas ou repetir aquele gesto de incentivo começará a funcionar como um gatilho para fazer surgir o estado adequado.

Assim, o apresentador deve ser capaz de reconhecer e reagir não apenas ao estado de aprendizagem dos membros do grupo, mas também ao seu próprio estado interno. Por isso, ele precisa, no mínimo, ser capaz de acrescentar isso à sua estratégia de comunicação. Alguns dos usos básicos das pistas microcomportamentais e metamensagens destinam-se a:

1) ter um novo acesso a estados positivos em si mesmo e nos outros;

2) controlar o seu próprio estado para atingir um desempenho considerado de alto nível;

3) influenciar e dirigir os estados atuais das outras pessoas.

As metamensagens podem ser mais ou menos eficientes, dependendo das outras influências que o estado interno sofre. O apresentador só poderá fazer algo para modificar o estado do grupo se a influência que produz aquele estado estiver muito além do momento imediato. Se um grupo de pessoas acabou de saber que está sendo demitido, o seu estado mental ficará de tal maneira afetado que o apresentador precisará aceitar o estado mental e a situação como uma coerção operacional. Outras vezes, o estado do grupo pode ser modificado com um simples intervalo para tomar um café.

Exercício 7: Comunicação Não-Verbal Durante a Apresentação

Uma das técnicas mais importantes e influentes do apresentador é a capacidade de controlar o seu próprio estado mental e o do público ao qual se dirige. As pistas não-verbais são geralmente um dos aspectos mais influentes e relevantes do controle de estados internos. Neste exercício, vamos examinar alguns dos usos da comunicação não-verbal durante uma apresentação eficaz.

1. O apresentador escolhe um tópico que seja importante ou problemático.

2. O apresentador define um grupo de metamensagens que gostaria de comunicar, relacionado àquele tópico, incluindo:

   - o seu próprio estado interno;
   - o tipo de relação que ele quer estabelecer com o público;
   - o estado interno em que o público deveria estar;
   - o nível de enfoque da comunicação.

3. O apresentador determina a maneira como vai usar o tom de voz, os gestos, a localização espacial etc., para comunicar a metamensagem.

4. O apresentador faz uma pequena apresentação incluindo as metamensagens pretendidas.

5. Após a apresentação, cada membro do grupo registra a metamensagem que ele recebeu, respondendo às seguintes questões:

   - Em que estado se encontrava o apresentador?
   - Que tipo de relacionamento o apresentador queria ter com o público?
   - Que tipo de estado interno o apresentador queria que o público tivesse?
   - Qual foi o nível do enfoque enfatizado pelo apresentador? (Onde, quando, o que, como, por que, quem.)

6. O grupo e o apresentador comparam as metamensagens "pretendidas" e "recebidas".

Resumo do Uso de Pistas Microcomportamentais

USO DE PISTAS MICROCOMPORTAMENTAIS

- Ter acesso a estados positivos
- Controlar os seus próprios estados internos
- Influenciar o estado dos outros

Pontos Principais

O uso importante das metamensagens diz respeito à identificação e à influência exercida sobre o estado interno do público.

Os tipos de estados mais importantes para uma apresentação incluem atenção, motivação e concentração.

As pistas fisiológicas são âncoras para controlar o seu próprio estado, a fim de reproduzir ou ter acesso, à vontade, a um estado específico.

As pistas comportamentais podem ser "acompanhadas" ou sincronizadas, a fim de se estabelecer empatia com outra pessoa.

8

AVALIAÇÃO E CONTROLE DO SEU PRÓPRIO ESTADO INTERNO

O objetivo deste capítulo é fornecer um grupo de distinções e um método para que os apresentadores possam identificar e ter acesso a estados internos relacionados a um desempenho efetivo

- **Desempenho Efetivo e Estados Mentais**
- **"Círculo de Excelência": Análise Microcomportamental**

Desempenho Efetivo e Estados Mentais

Os estados, tanto do remetente como do destinatário, influenciam o fluxo da comunicação. Os estados agem tanto como um filtro quanto como um caminho para receber e interpretar mensagens. De que maneira podemos provocar ou operacionalizar o desempenho efetivo? De que forma é possível ter acesso ao processo cognitivo e comportamental de maneira consistente?

Neste capítulo vamos examinar alguns instrumentos para melhorar o desempenho pessoal e obter ou enfocar momentos de desempenho efetivo. Esses mesmos instrumentos também podem ser usados para ter um novo acesso a um estado efetivo, em caso de distração ou interrupção.

Grande parte do que acontece durante um desempenho eficiente é inconsciente. Muitos aspectos importantes ocorrem, com freqüência, fora da nossa percepção consciente. Além dos instrumentos e ferramentas que nos permitem perceber pensamentos inconscientes, também é útil ter alguma forma de incentivar e conduzir ou utilizar processos inconscientes.

Os estados são geralmente influenciados por metamensagens e eles mesmos são uma metamensagem sobre que tipo de informação está sendo enviada ou recebida. Uma técnica básica de desempenho efetivo é reconhecer a ligação entre as pistas comportamentais e padrões das estruturas cognitivas internas e os processos inconscientes. Além das estratégias mentais e das técnicas de observação relacionadas aos processos de apresentação, existem também alguns aspectos fisiológicos e comportamentais. Sem dúvida, há indicações de linguagem que podem ser usadas para estimular, provocar ou incentivar o desempenho. Por outro lado, há indicações que são puramente comportamentais.

Por exemplo, o dono de uma grande companhia de navegação marítima observou que ele usava as atividades físicas na solução de problemas. Com um certo tipo de problema, ele ia jogar golfe a fim de obter a estrutura mental necessária para lidar com o problema que o preocupava. No caso de outros problemas, ele ia andar de bicicleta para poder refletir de maneira eficaz. Ele também era muito específico sobre o tipo de fisiologia a adotar, e pensava: "Não posso jogar golfe para resolver este problema, é necessário andar de bicicleta".

Não há dúvida de que as atividades fisiológicas estimulam e organizam outras atividades neurológicas. Andar de bicicleta é uma atividade de nível macro. Existem também indicações e processos comportamentais e microfisiológicos que acompanham os processos cognitivos.

A aprendizagem e o ensino efetivo dependem do estado mental da pessoa e também dos seus processos mentais. É importante reconhecer a influência do comportamento, mesmo quando se trata de aspectos fisiológicos sutis, sobre o desempenho. Quando os atletas se preparam para desempenhar o seu papel, eles preparam o seu estado mental utilizando-se de algum tipo de "deixa" física. Da mesma maneira, a habilidade de apresentação é influenciada pelo estado mental da pessoa, que pode ser ajustado através de alguns tipos de indicações micro e macrocomportamentais.

Às vezes, o desempenho depende excessivamente do estado mental. Podemos ver isto no filme americano *Butch Cassidy e Sundance Kid*. Sundance Kid era um atirador muito bom, mas só conseguia atirar se estivesse em movimento. Quando parado, não conseguia acertar em nada e precisava sempre estar subindo, descendo ou caindo para poder atingir o alvo. Esta é uma vantagem, mas também traz limitações. Da mesma maneira, algumas pessoas só conseguem ser eficazes quando estão em situações de estresse.

Há várias motivações para ensinar e aprender. Algumas pessoas obtêm resultados efetivos quando estão voltadas para um objetivo. Outras já são mais eficazes quando estão tentando evitar algo. Como se diz: "É nas situações difíceis que as pessoas se revelam". A moral desta história é que uma situação difícil força as pessoas fortes a utilizarem melhor os seus recursos internos. O problema começa quando essas pessoas não estão diante de uma situação difícil. Neste caso, elas acham que devem criar uma situação difícil para poder funcionar bem. As pistas fisiológicas nos dão ferramentas para influenciar o nosso estado mental tão bem quanto os processos cognitivos associados à aprendizagem e ao ensino efetivo.

Existem pistas macroscópicas como a postura corporal e os gestos e também pistas microscópicas ou mínimas, que são mais sutis.

Neste capítulo, vamos examinar a relação entre a fisiologia e o desempenho. O exame da influência do estado físico sobre o processo de ensino e de aprendizagem é importante tanto para completar como para equilibrar o nosso entendimento do processo de aprendizagem.

Análise Comparativa

Uma das maneiras mais simples e completas de descobrir pistas comportamentais importantes é usando o que se chama de "análise comparativa". Neste caso, estaremos comparando estados de desempenho eficiente com estados de distração ou confusão.

Por exemplo, lembre-se de uma ocasião em que você se sentiu inspirado durante uma apresentação e reviva essa experiência o mais plenamente possível. Depois, compare esse estado com o momento em que você desejou estar inspirado, porém estava distraído ou foi interrompido. Observe que pistas comportamentais, tanto as mais evidentes como as mais sutis, modificam-se de um estado para outro.

Mesmo os comportamentos mais sutis podem exercer uma influência no desempenho. Se conseguir descobrir algumas dessas pistas, você poderá ter acesso mais uma vez a este estado, de maneira mais consciente e objetiva.

É claro que algumas pistas serão idiossincráticas. Elas são específicas a cada pessoa, como os aspectos cognitivos da estratégia criativa de cada um. Mas existem outras pistas que são compartilhadas por várias pessoas. Talvez você descubra que alguns gestos variam de significado de uma cultura para outra, mas outros tipos de fisiologia e pistas fisiológicas também são encontrados em várias culturas, como no caso das expressões faciais.

Para melhorar o desempenho pessoal, é importante desenvolver ao máximo a metacognição ou a metapercepção das pistas idiossincráticas. Assim, você poderá saber se está em um estado positivo para fazer uma apresentação eficaz, e, ao mesmo tempo, terá um instrumento que lhe permitirá retomar esse estado eficiente, sempre que necessário. Quanto mais soubermos a respeito dos aspectos fisiológicos e cognitivos associados aos nossos melhores desempenhos, mais oportunidades teremos de poder ter acesso a eles sempre que quisermos.

Quanto a poder controlar o processo de outras pessoas, muitos partem do princípio de que os outros são tão eficientes quanto elas próprias e que as pistas comportamentais significam a mesma coisa para todo mundo. Isso pode causar problemas, especialmente para aqueles com quem se trabalha diretamente. Para evitar problemas de interpretação do comportamento dos outros, é necessário desenvolver maior percepção de pistas idiossincráticas e de pistas compartilhadas por várias pessoas.

Resumo de Desempenho Efetivo e Estados Mentais

A ANÁLISE DE CONTRASTE DE EXPERIÊNCIAS POSITIVAS OU LIMITANTES ENCOBRE AS DIFERENÇAS

De que maneira a pessoa pensa em uma experiência, em termos de
Representações sensoriais:
- Imagens
- Linguagem interna
- Emoções

Como é a fisiologia e como ela se modifica em termos de
- Postura corporal
- Respiração
- Tom de voz
- Gestos

Pontos Principais

Alguns estados são mais eficientes para apresentações.

Os estados eficientes podem ser modelados e enriquecidos.

Uma maneira poderosa de identificar os tipos de pistas físicas e padrões cognitivos que são mais importantes é por meio do contraste de diferentes estados mentais.

É possível descobrir quais são as pistas comportamentais e os padrões cognitivos de excelência pessoal pela comparação de estados eficientes para estados paralisantes ou problemáticos.

"Círculo de Excelência": Análise Microcomportamental

Os objetivos do exercício que vamos fazer a seguir são: 1) descobrir as nossas pistas para atingirmos um estado eficiente; e 2) aprender a observar e ler as pistas das outras pessoas de maneira mais efetiva. Talvez você descubra algo que não percebia antes a respeito da fisiologia associada aos estados pessoais que afetam a nossa capacidade de fazer uma apresentação eficaz. Dessa forma, você começará a desenvolver a percepção dos tipos de pistas que podem ser importantes, para poder reconhecer e lidar com os estados mentais das outras pessoas.

Este exercício deve ser feito em grupo de três. Uma pessoa será o "explorador". O explorador é a pessoa que está revivendo as diferentes experiências de estados eficientes *versus* estados paralisantes. A pessoa número dois será o observador da fisiologia do explorador. E a pessoa número três será um guia que dará orientações ao explorador e comprovará as observações feitas pelo observador.

Usando os gráficos fornecidos no livro, o guia orientará o explorador para pensar em um momento em que foi capaz de fazer uma apresentação eficaz. O explorador deverá reviver este exemplo de excelência pessoal o mais plenamente possível. Tanto o observador como o guia prestarão atenção em pistas comportamentais importantes, usando as linhas diretrizes aqui indicadas. O guia deverá, em seguida, pedir ao explorador para pensar em uma experiência na qual ele se sentiu sem saída ou distraído. Tanto o observador como o guia deverão comparar as pistas comportamentais de ambos os estados.

O observador e o guia deverão, então, fazer comentários sobre o que eles observaram. É importante lembrar a diferença entre estar observando e interpretando. Dizer: "Você parecia estar sem jeito" não é uma observação, é uma interpretação. A técnica, neste caso, é descrever o comportamento observado, como: "A sua cabeça estava virada para cima", "A sua mão estava encostada no rosto", "Você estava se inclinando para a frente" e assim por diante. Senão, é provável que surjam desavenças baseadas em interpretações pessoais.

Para testar as suas técnicas de observação, o guia poderá pedir ao explorador para escolher uma situação diferente em que ele se sentia preparado ou despreparado, sem, entretanto, indicar de qual das duas se trata. O guia e o observador tentarão adivinhar se a situação era ou não a de um estado efetivo. Depois desta adivinhação, o explorador poderá validar ou corrigir a opinião expressa.

É necessário lembrar que o objetivo deste teste não é tentar esconder a resposta, e sim aprender a compreender melhor uns aos outros.

Depois da primeira parte deste exercício, conversem sobre que tipo de macrocomportamento cada um de vocês usa para se preparar para uma apresentação. Você anda de bicicleta assim como faz o executivo da companhia de navegação? Algumas pessoas ficam calmamente sentadas e fazem um ensaio mental. Outras preferem andar. Discutam a respeito das várias formas que cada um de vocês estimula o desempenho efetivo usando macrocomportamentos além dos microcomportamentos que normalmente utilizam.

130

Postura Corporal e Desempenho

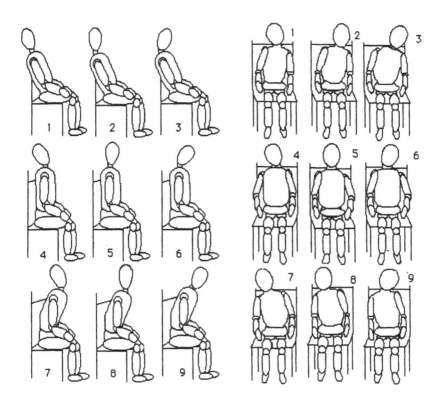

Desenhe um círculo nas figuras que melhor representam a sua postura quando você está fazendo uma apresentação eficaz. Desenhe um quadrado nas figuras que melhor representam a sua postura quando você está sem ação ou distraído (escolha tanto uma figura frontal quanto uma lateral).

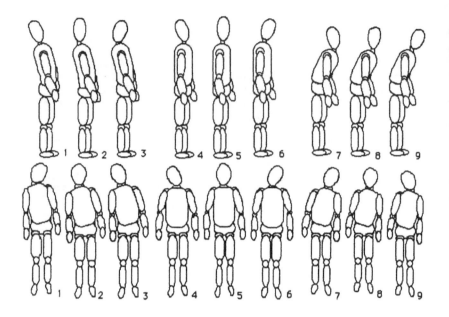

Desenhe um círculo nas figuras que melhor representam a sua postura quando você está fazendo uma apresentação eficaz. Desenhe um quadrado nas figuras que melhor representam a sua postura quando você está sem ação ou distraído (escolha tanto uma figura frontal quanto uma lateral).

Gestos e Desempenho Efetivo

Desenhe um círculo na figura que melhor representa os gestos que você faz, com freqüência, durante um desempenho efetivo ou desenhe os gestos na figura colocada à direita.

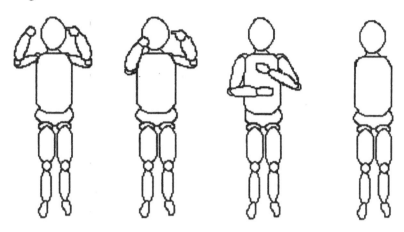

Desempenho Efetivo

Desenhe um círculo na figura que melhor representa os gestos que você usa, com mais freqüência, quando está distraído ou desanimado, ou desenhe os gestos na figura colocada à direita.

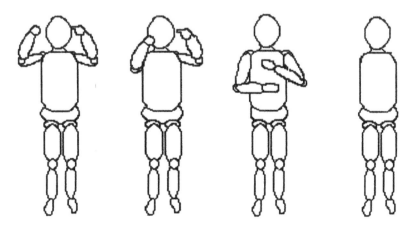

Estado Distraído ou sem Ação

Resumo do "Círculo de Excelência":
Análise Microcomportamental

EXERCÍCIO: "CÍRCULO DE EXCELÊNCIA"
ANÁLISE MICROCOMPORTAMENTAL

1. **Compare uma experiência na qual você foi capaz de fazer uma apresentação eficaz com uma outra na qual você sentiu dificuldades.**

2. **Compare os padrões de pistas físicas com o que acontece na sua mente.**
   - O que é diferente?

3. **Imagine um "círculo de excelência" no chão à sua frente. Ancore naquele local o seu estado de apresentação eficaz dando um passo para dentro do círculo quando você tiver tido pleno acesso ao estado eficaz.**

Pontos Principais

"A calibração" inclui a relação entre o comportamento observável e as experiências internas subjetivas.

A percepção dos micro e macrocomportamentos associados aos estados internos é um instrumento importante para melhorar a capacidade de apresentação.

Ser capaz de observar as pistas microcomportamentais dos outros facilita a percepção dos seus estilos mentais e é um instrumento importante para facilitar e administrar o processo de aprendizagem das outras pessoas.

9

FASES DO PLANEJAMENTO DE UMA APRESENTAÇÃO

Este capítulo indica um método para o planejamento e a avaliação de uma apresentação eficaz baseado na estratégia de storyboarding *de Walt Disney.*

- Fases do Planejamento
- A Fisiologia e o Ciclo Criativo
- Condições de Boa Formulação de um Plano
- Planejamento de uma Apresentação

Fases do Planejamento

A capacidade de Walt Disney de relacionar a sua criatividade inovadora a uma estratégia administrativa bem-sucedida e ao apelo popular permitiu-lhe criar um império no campo do entretenimento que continua firme mesmo décadas após a sua morte. Disney incorpora a capacidade de criar uma empresa bem-sucedida baseada na inovação e em melhorias constantes. Ele representa o processo de transformar visões em expressões tangíveis e concretas por meio da organização e do planejamento. De certa maneira, o meio de expressão escolhido por Disney, o filme de animação, caracteriza o processo fundamental de todos os gênios criadores: a capacidade de pegar algo que existe apenas na imaginação e dar-lhe uma existência física que influencia diretamente, de maneira positiva, a experiência dos outros.

Um dos mais importantes elementos da genialidade exclusiva de Disney foi a sua capacidade de explorar algo a partir de várias posições *perceptivas diferentes*. Podemos perceber melhor essa estratégia de Disney no comentário feito por um dos seus animadores, segundo o qual: "*... havia três diferentes Walts: O sonhador, o realista e o desmancha-prazeres. Era impossível dizer qual deles iria participar da reunião*".

Assim, temos uma idéia de quem era Disney e também de como funcionava o seu processo de criatividade e planejamento eficaz. Qualquer planejamento eficaz depende da coordenação de três subprocessos: o sonhador, o realista e o crítico. O sonhador sem o realista é incapaz de transformar idéias em expressões tangíveis. O crítico e o sonhador, sem o realista, simplesmente caem na armadilha do conflito contínuo. O sonhador e o realista podem criar coisas, mas talvez não possam ter boas idéias sem o crítico. O crítico ajuda a avaliar e a refinar os produtos da criatividade. Há o exemplo bem-humorado de um chefe que se gabava das suas capacidades mentais inovadoras, porém não tinha o ponto de vista crítico e realista. As pessoas que trabalhavam com ele diziam: "Ele tem uma idéia por minuto... e algumas delas são bastante boas".

A questão importante é que o planejamento eficaz depende da síntese de vários processos ou fases. O sonhador é necessário para formular novas idéias e objetivos. O realista é necessário para transformar idéias em algo concreto. O crítico é necessário como filtro e estímulo de refinamento.

Com certeza, cada uma dessas fases representa uma estratégia mental separada — estratégias que geralmente podem entrar em conflito umas com as outras, em vez de se ajudarem mutuamente. É claro que a maneira específica como Disney utilizava e coordenava a sua imaginação ("o sonhador"), traduzindo metodicamente essas fantasias em formas tangíveis ("o realista") e aplicava o seu julgamento crítico ("o desmancha-prazeres"), deve ser examinada em profundidade.

136

Objetivo da Estratégia de Disney

Talvez a descrição mais completa da maneira como funcionavam o sonhador, o realista e o crítico de Disney em combinação uns com os outros vem de sua declaração:

O criador de histórias deve enxergar claramente *na sua mente como cada segmento do controle dessa história será colocado. Ele deve* sentir *cada expressão, cada reação. Ele deve* distanciar-se *da sua história para poder olhá-la com* outros olhos... observando *se existe alguma fase morta...* vendo *se as personalidades serão interessantes e atraentes para o público. Ele também deve tentar* ver *e fazer com que as ações das suas personagens sejam interessantes.*

A primeira parte da descrição enfoca a interação entre o sonhador e o realista. É claro que os "outros olhos" são utilizados pelo "desmancha-prazeres".

Certamente, a declaração define três pontos de vista diferentes.

1) O "Sonhador" — Visão, filme completo:
   "O criador de histórias deve enxergar claramente *na sua mente como cada segmento do controle dessa história será colocado".*

2) O "Realista" — Sensação e ação, primeira posição, associado, movimento:
   "Ele deve sentir *cada expressão, cada reação".*

3) O "Crítico" — Segunda posição, distanciamento:
   "Ele deve distanciar-se *da sua história para poder olhá-la com* outros olhos".

   a) Filme completo:
      "observando *se existe alguma fase morta...".*

   b) Caráter individual, dissociado, parado:
      "vendo *se as personalidades serão interessantes e atraentes para o público".*

   c) Caráter individual, dissociado, em movimento:
      "Ele também deve tentar ver *e fazer com que as ações das suas personagens sejam interessantes".*

Os "outros olhos" de Disney é o que chamamos de *"descrição dupla"* do acontecimento. Essa dupla descrição nos fornece informações importantes que poderiam ser deixadas de lado. Da mesma forma, as diferenças de ponto de vista entre os nossos dois olhos nos dão uma descrição dupla do mundo que nos permite perceber a profundidade, a dupla descrição de Disney a respeito das suas criações ajudava-o a acrescentar um elemento extra de profundidade.

É muito interessante notar que esses seus "outros olhos" incluem uma referência específica a "distanciar-se". Se ficarmos perto demais, poderemos influenciar essas outras posições perceptivas. Se o crítico estiver próximo demais do sonhador, este poderá ficar inibido.

Resumo das Fases de Planejamento

CICLO CRIATIVO DE PLANEJAMENTO DE APRESENTAÇÕES

Sonhador
- Visionário
- Vê imagem completa
- Acredita que qualquer coisa é possível

Realista
- Voltado para a ação
- Etapas de curto prazo
- Age "como se" um objetivo fosse possível

Crítico
- Lógico
- Evita problemas indo atrás do que está faltando
- Pergunta "e se" surgirem problemas?

Pontos Principais

O planejamento de uma apresentação é um processo que inclui a coordenação de três subprocessos ou fases. Essas fases podem ser designadas geralmente como: 1) O Sonhador; 2) O Realista; e 3) O Crítico.

O Sonhador enfoca a "grande imagem", com a atitude de que qualquer coisa é possível.

O processo de "concretização" dos sonhos de Disney aconteceu através da sua associação física com as personagens que surgiam em seus sonhos e pelo processo de *storyboarding* da segmentação do sonho em elementos diferentes.

O Realista age "como se" o sonho fosse possível e enfoca a formulação de uma série de aproximações sucessivas de ações exigidas para realmente transformá-lo em realidade.

O processo de avaliação crítica de Disney inclui o distanciamento do projeto, para poder olhar com "outros olhos", assumindo o ponto de vista do público ou dos clientes.

O Crítico tenta evitar problemas e assegurar a qualidade, aplicando diferentes critérios de maneira lógica (e verificando como o produto combina com os critérios, dentro de vários cenários em que são levadas em consideração as questões "E se...").

A Fisiologia e o Ciclo Criativo

Assim como em outros processos cognitivos, a fisiologia é uma influência importante na criatividade e na capacidade de planejar de maneira eficaz. Existem pistas comportamentais de níveis micro e macro que acompanham os estados de sonhador, realista e crítico e que podem ajudar a atingir o estado mental necessário para planejar uma apresentação eficaz.

Por exemplo, pense no momento em que você ainda está "sonhando" ou nos estágios preliminares do planejamento de uma apresentação, quando existem muitas opções e escolhas. Que tipos de pistas comportamentais você acha mais significativas para o seu processo "sonhador"? Qual seria a sua postura? Você se movimenta muito? De que maneira você movimenta a cabeça e os olhos?

Pense em como é quando você está "colocando em prática" uma idéia ou "sonho" para uma apresentação. Que tipos de pistas comportamentais você considera mais significativas para o seu processo de "realização"?

Pense em como você se comporta quando está pensando de maneira "crítica" e avaliando o seu plano de apresentação. Que tipos de pistas comportamentais são mais significativas para o seu processo mental "crítico"?

Qual dos três tipos de estilo de pensamento — sonhador, realista ou crítico — é mais natural para você?

A partir de certas descrições do comportamento de Disney e da modelagem de várias pessoas diferentes, que conseguem atingir bem esses estágios, foram criadas generalizações a partir de padrões-chave de fisiologia associados a cada um dos estilos mentais que fazem parte do ciclo criativo de Disney:

Sonhador: Cabeça e olhos para cima. A postura é simétrica e relaxada.

Realista: A cabeça e os olhos fitam o horizonte ou movem-se levemente para a frente. A postura é simétrica e levemente para a frente.

Crítico: Olhos para baixo. A cabeça inclinada para baixo. Postura angular.

Resumo de a Fisiologia e o Ciclo Criativo

FISIOLOGIA E CICLO CRIATIVO

A Fisiologia do Estado "Sonhador"
- Cabeça e olhos para cima
- Postura simétrica e relaxada

Fisiologia do Estado "Realista"
- Cabeça e olhos fixando o horizonte ou levemente para a frente
- Postura simétrica e equilibrada

Fisiologia do Estado "Crítico"
- Olhos para baixo e inclinados
- Postura angular

Pontos Principais

Existem pistas comportamentais de nível macro e micro que acompanham os estados Sonhador, Realista e Crítico.

Condições de Boa Formulação de um Plano

Os critérios utilizados para a fase de teste de cada um dos estágios de planejamento correspondem mais ou menos ao que chamamos de "Condições de Boa Formulação". Tratam-se de condições usadas para identificar o conjunto mínimo de exigências que devem ser satisfeitas para que um plano seja considerado "bem formulado".

Sonhador

1. O resultado é estabelecido em termos positivos; isto é, afirma-se o que se quer, em vez daquilo que não se quer.
   Perguntas: *O que você deseja? O que é possível? Qual é a recompensa?*

Realista

2. Pode ser iniciado e mantido pela pessoa ou grupo que o deseja.
   Pergunta: *O que você irá fazer para atingir este objetivo?*

3. Pode ser testado pela experiência sensorial.
   Perguntas: *Como você vai saber que realmente atingiu o seu objetivo? Quais são os critérios de desempenho? Como eles serão testados?*

Crítico

4. Preserva os subprodutos positivos do comportamento ou atividade atual.
   Perguntas: *Que resultados positivos você obtém com a sua maneira atual de trabalhar? Como poderá manter esses elementos positivos dentro do seu novo objetivo?*

5. É contextualizado de maneira adequada e positivo do ponto de vista ecológico
   Perguntas: *Em que condições você desejaria não colocar em prática este novo objetivo? A quem e o que ele vai afetar?*

O que torna algo bem formulado difere, dependendo dos estágios. Os critérios do TOTS sonhador são basicamente organizados a partir da possibilidade e da desejabilidade. Os critérios do TOTS realistas são organizados a partir do nível de exeqüibilidade e aplicabilidade. Os do TOTS crítico são organizados a partir do nível de aceitação e adequação em relação a um sistema mais amplo.

Resumo das Condições de Boa Formulação de um Plano

CONDIÇÕES DE BOA FORMULAÇÃO DE UM PLANO

SONHADOR
Fase "QUERER"
- Estabelecer o objetivo específico em termos positivos.
- Estabelecer as recompensas do plano.

REALISTA
Fase "COMO"
- Assegurar-se de que o progresso pode ser testado pela experiência sensorial.
- Estabelecer estruturas temporais e marcadores de progresso.
- Certificar-se de que esta fase possa ser iniciada e mantida pela pessoa ou grupo adequados.

CRÍTICO
Fase "POSSIBILIDADE DE"
- Definir os contextos nos quais o plano pode ser aplicado ou nos quais ele é problemático.
- Certificar-se de que se trata de algo positivo do ponto de vista ecológico e que preserva quaisquer subprodutos positivos da maneira atual de se atingir o objetivo.

Pontos Principais

Existem algumas condições de boa formulação para definir objetivos e planos que oferecem diretrizes úteis para o planejamento de uma apresentação eficaz.

Diferentes condições de boa formulação estão mais associadas a diferentes fases do ciclo criativo.

As condições de boa formulação podem ser avaliadas em vários níveis (quem, por que, como, o que, onde, quando).

Exercício 9: Planejamento de uma Apresentação

Em grupo de três: explorador, treinador e observador.

1. Para cada fase do ciclo de planejamento (Sonhador, Realista e Crítico) o treinador deve fazer perguntas relevantes para aquela fase (indicada abaixo) e ajudar o explorador a não perder de vista as suas respostas.
2. Ao responder às perguntas, o explorador deve assumir e manter a fisiologia e o estilo mental adequados, que serão definidos nas diretrizes a seguir.
3. O observador deve olhar e assegurar-se de que o explorador mantém o estado adequado, sem "contaminá-lo".
4. Deve-se passar pelas fases para fazer aproximações sucessivas do plano.

FASE "QUERER" — Sonhador

Objetivos: Estabelecer o objetivo específico em termos positivos; determinar os resultados da idéia.

"**O quê** você quer fazer?" (Em vez de o quê você quer *deixar* de fazer, *evitar* ou *interromper*.)

"**Por que** você quer fazer isto?", "**Qual** é o objetivo?"

"**Quais** são os resultados?". "**Como** você sabe que terá atingido esses resultados?", "**Quando** você espera atingi-los?"

"**Onde** você quer que esta idéia o leve no futuro?"

"**Quem** você quer ser ou se parecer com relação a esta idéia?

Nível de enfoque: O quê.
Estilo Cognitivo: Visão — Definir a "grande imagem".
Atitude: Qualquer coisa é possível.
Microestratégia Básica: Sintetização e combinação dos sentidos.
Fisiologia: Cabeça e olhos para cima. Postura simétrica e relaxada.

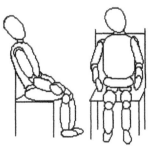

Fisiologia do Estado Sonhador

FASE "COMO" — Realista

Objetivos: Estabelecer estruturas temporais e indicações de progresso; certificar-se de que pode ser iniciado e mantido pela pessoa ou grupo adequado e que o progresso pode ser testado a partir da experiência sensorial.

"**De que** maneira a idéia será implantada? **Como** você saberá que o objetivo foi atingido? **Como** os critérios de desempenho serão testados?"

"**Quem** o fará?" (Designar a responsabilidade e estabelecer compromisso por parte das pessoas que vão colocar em prática o plano.)

"**Quando** cada uma das fases deverá ser implantada? **Quando** o objetivo geral será completado?"

"**Quando** cada fase será aplicada?"

"**Por que** cada etapa é necessária?"

Nível de enfoque: Como.
Estilo Cognitivo: Ação — Definir as etapas de curto prazo.
Atitude: Agir "como se" o sonho pudesse ser concretizado.
Microestratégia Básica: Associação entre as personagens e o *storyboarding*.
Fisiologia: Cabeça e olhos fixados no horizonte ou levemente para a frente. A postura é simétrica e levemente inclinada para a frente.

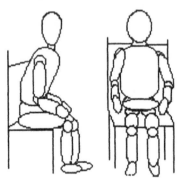

Fisiologia do Estado Realista

FASE DE "POSSIBILIDADE" — Crítico

Objetivos: Certificar-se de que o plano é positivo do ponto de vista ecológico e preserva os subprodutos positivos da maneira atual de se atingir o objetivo.

"**Por que** alguém seria contra esta nova idéia?"

"**A quem** esta nova idéia afetará e quem poderá implantar ou sabotar a eficácia da idéia, e quais seriam as suas necessidades e recompensas?

"**Quando** e **onde** você não gostaria de implantar esta nova idéia?

"**Quais** são os resultados positivos que você obtém com a sua maneira atual de agir?"

"**Como** você poderia manter essas coisas positivas, ao implantar a sua nova idéia?"

Nível de enfoque: Por quê.
Estilo Cognitivo: Lógico — Evitar problemas, descobrindo o que está faltando.
Atitude: Levar em consideração "e se..." problemas ocorrerem.
Microestratégia Básica: Assumir o ponto de vista do "público".
Fisiologia: Olhos para baixo. Cabeça para baixo e inclinada. Postura angular.

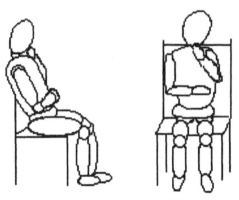

Fisiologia do Estado Crítico

Aplicação Pessoal da Estratégia de Planejamento de Disney

Nós também podemos adaptar a informação relativa às estratégias mentais criativas de Disney a uma série de etapas que podem ser usadas por qualquer pessoa que deseje preparar uma apresentação.

1. Selecionar três pontos físicos e denominá-los (1) "**Sonhador**", (2) "**Realista**" e (3) "**Crítico**".

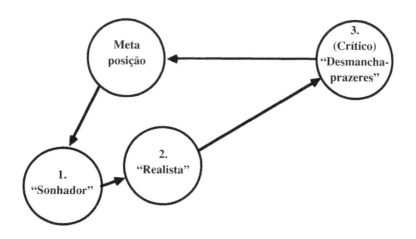

2. Ancorar o estado e a estratégia adequados a cada local físico. Certificar-se de que o estado fisiológico associado a cada um dos estados permanece "puro".

   a. Lembre-se de uma ocasião em que você foi capaz de fantasiar ou sonhar, criativamente, com novas idéias sem nenhuma inibição; entre no ponto número (1) e reviva a experiência.

   b. Identifique uma ocasião em que você foi capaz de pensar de maneira muito realista e estabelecer um plano específico para colocar em ação, de modo efetivo, uma idéia; vá para a posição (2) e reviva a experiência.

   c. Pense em uma ocasião em que você foi capaz de criticar um plano de maneira construtiva — isto é, oferecendo críticas positivas e construtivas, e indicar pontos problemáticos. Faça com que este local esteja bastante distante dos outros para não interferir. Vá para este ponto número (3) e reviva a experiência.

3. Escolha uma apresentação que você esteja planejando atualmente e vá para o local do sonhador. Imagine-se fazendo a apresentação como se você fosse uma personagem de filme. Deixe-se imaginar de maneira livre e desinibida.

4. Vá para o local realista, associado à posição de "sonhador", e imagine-se na posição de todas as personagens importantes. Depois, imagine o processo como se você estivesse em uma *storyboarding* (seqüência de imagens).

5. Vá para a posição do crítico e observe se algo está faltando. Depois, transforme as críticas em perguntas a serem feitas ao sonhador.

   a. Lembre-se de que é o crítico, e não o realista ou o sonhador, quem deve criticar o plano.

   b. É muito útil que o crítico reconheça os elementos do plano que são satisfatórios, antes de começar a fazer perguntas.

6. Vá para a posição do sonhador, para apresentar acréscimos, alternativas e soluções criativas, a fim de responder às perguntas feitas pelo crítico. Se as perguntas do crítico forem muito difíceis de serem respondidas sem ter acesso ao estado crítico, vá para a posição do observador, antes de passar para a posição do sonhador. Talvez seja até interessante reformular as perguntas do crítico, a partir da posição de observador.

7. Depois de repetir este ciclo várias vezes, pense de maneira consciente em algo de que realmente você goste e no qual é muito bom, continuando a passear entre os pontos sonhador, realista e crítico. Isto vai ajudar a eliciar o pensamento lateral e a gestação inconsciente.

8. Continue a repetir as **etapas 4, 5 e 6** até que o seu plano se adapte, de maneira congruente, a cada posição.

Resumo do Planejamento de uma Apresentação

> **"INSTALAÇÃO" DA ESTRATÉGIA DISNEY**
>
> - Lembre-se de bons exemplos dos estados Sonhador, Realista e Crítico e ancore-os a vários pontos em locais diferentes.
> - Pense na apresentação que está planejando fazer e entre no ciclo do Sonhador, do Realista e do Crítico colocando-se nos diferentes pontos físicos de cada um.

Pontos Principais

A classificação por locais dos vários processos ajuda a organizá-los e coordená-los, evitando interferências ou "contaminação" entre os diferentes estados.

Transformar uma crítica em uma pergunta ajuda a evitar os efeitos "negativos" da posição de crítico e estimula o sonhador.

A partir do momento em que o ciclo criativo estiver bem "instalado", ele pode ser enriquecido por processos que estimulem o pensamento lateral e a gestação inconsciente.

PARTE TRÊS

Controle dos Aspectos Interpessoais de uma Apresentação

Administração das Interações com o Grupo

Lidando com Resistências ou Interferências

Conclusão: Princípios de Apresentações Eficazes

OBJETIVOS DA PARTE TRÊS

Lidar com os Aspectos Interpessoais de uma Apresentação

Os objetivos da Parte Três são:

1. Definir as técnicas relacionais e de comunicação básicas necessárias para gerenciar vários estilos de aprendizagem e de pensamento em uma interação ou discussão de grupo.
2. Aprender a criar e a enriquecer estilos mentais individuais.
3. Aprender a interagir de maneira mais eficaz com o grupo.
4. Identificar e desenvolver as técnicas necessárias para controlar as interações das pessoas em situações que envolvam resistências ou interferências possíveis.

A Parte Três consiste de três capítulos:

Capítulo 10 Administração das Interações com o Grupo
Fornece um conjunto de distinções e instrumentos para reconhecer e guiar diferentes estilos mentais e de aprendizagem durante uma interação ou discussão com o grupo.

Capítulo 11 Lidando com Resistências ou Interferências
Identifica e examina as técnicas relacionais e de comunicação necessárias para lidar com resistências e interferências dentro do grupo.

Capítulo 12 Conclusão: Princípios de Apresentações Eficazes
Resume as técnicas e questões fundamentais colocadas neste livro, estabelecendo alguns dos princípios básicos operacionais de comunicação eficaz.

Pressuposições
O material a ser visto na Parte Três baseia-se em uma série de *pressuposições* referentes ao processo de dinâmica de grupo:

Os grupos, as equipes e as organizações são sistemas naturais e seguem alguns princípios de auto-organização.

Os elementos-chave de uma apresentação eficaz são a percepção e o controle de vários estilos mentais diferentes e de aspectos diversos do ciclo de aprendizagem.

Há um certo número de diferentes processos que influenciam a aprendizagem de um grupo.

Existem diferentes composições de técnicas de comunicação e de relacionamento necessárias em vários tipos de contextos e situações de apresentação.

O ponto básico para se estimular e controlar o processo de aprendizagem em um grupo ou equipe encontra-se no controle do processo de comunicação entre os diferentes membros do grupo.

Existe um certo número de diferentes níveis de mensagens que são recebidos e remetidos durante o ato de comunicação entre as pessoas, tanto verbal como não-verbalmente.

A orientação da discussão ou da interação em um grupo pode ser feita de maneira mais eficaz através de um processo incremental de *orientação* e *acompanhamento* e de *reconhecimento* e *adição* às contribuições dos membros da equipe.

Os critérios básicos para lidar de maneira eficiente com uma discussão ou interação de grupo são: 1) a *meticulosidade* de cobertura do espaço perceptivo; 2) a *importância* das questões colocadas pelo grupo, levando-se em consideração o espaço perceptivo; e 3) o *equilíbrio* da contribuição das pessoas de diferentes funções e com diferentes estilos mentais.

Em geral, as pessoas têm boas intenções. Para ser capaz de reagir de maneira eficiente a resistências e interferências surgidas em um grupo é necessário descobrir e aceitar a intenção ou a comunicação que existem por trás da resistência e oferecer outras escolhas e alternativas para se concretizar aquela intenção.

10

ADMINISTRAÇÃO DAS INTERAÇÕES COM O GRUPO

Indica um conjunto de distinções e instrumentos para reconhecer e orientar diferentes estilos mentais e de aprendizagem durante uma discussão ou uma interação de grupo.

- Orientação do Grupo
- Tipos de Processos de Grupo e Níveis de Experiência
- Atitudes Básicas e Filtros de Experiência: Metaprogramas
- Identificação dos Estilos Mentais Básicos
- Técnicas de Gerenciamento de Grupo
- "Recapitulação" e Escuta Ativa
- Técnicas de Linguagem Orientadas para o Processo
- Acompanhamento e Condução Durante a Discussão em Grupo

Orientação do Grupo

Um processo de grupo eficiente organiza-se ao redor do TOTS. As operações do grupo durante a apresentação ou discussão são direcionadas para as metas que definem o objetivo daquela apresentação. O desempenho do grupo é avaliado a partir de evidências que mostrem o progresso em direção ao objetivo desejado. Para funcionar de maneira eficiente, é importante que os membros do grupo compartilhem os objetivos e os procedimentos demonstrativos. Entretanto, para atingir objetivos comuns, o TOTS do grupo precisa ter uma grande abrangência e diversidade de operações e operadores, da mesma forma que uma pessoa precisa ter flexibilidade.

São necessários vários tipos de capacidades e estilos de raciocínio aos membros do grupo para preencher as várias funções e papéis necessários a atingir os objetivos. Num grupo eficaz, existe uma percepção do valor de diferentes capacidades e estilos mentais. O gerenciamento do grupo pressupõe a capacidade de identificar e coordenar os vários estilos mentais dos membros do grupo, para atingir de maneira mais eficaz os seus objetivos.

No processo de evoluir, incentivar e estabelecer os processos cognitivos dos membros do grupo é necessário ser capaz de identificar e adaptar-se às exigências físicas e psicológicas. O controle do ciclo de aprendizagem em grupo pressupõe a criação de limites físicos e psicológicos que guiem o processo do grupo com relação à fase do ciclo de aprendizagem em que se encontram. Isto indica muitas das diferenças e variáveis que existem entre os TOTS de vários apresentadores.

O ciclo de aprendizagem de um grupo inclui o movimento da incompetência inconsciente para a incompetência consciente e depois pela competência consciente, até chegar à competência inconsciente. O desenvolvimento da competência consciente inclui o movimento entre grandes segmentos (a grande imagem da "visão") e pequenos (o estabelecimento de objetivos microscópicos, a fim de atingir um objetivo mais amplo). Uma parte importante da aprendizagem em grupo inclui a habilidade de segmentar conceitos e ações gerais em processos interativos e cognitivos específicos necessários para implantá-los ou preenchê-los.

Para que o grupo possa aprender de maneira efetiva, é importante reconhecer e incorporar: a) todos os estilos mentais que existem no grupo (tais como o Sonhador, o Realista, o Crítico etc.); e b) os diferentes pontos de vista dos membros do grupo nos três estágios. Um dos problemas que geralmente surgem durante a discussão é que a pessoa com o estilo Sonhador diz algo que é considerado ridículo, ao qual o Crítico reage de maneira negativa. Em reação ao Crítico, o Sonhador polariza e começa a defender ainda mais o seu sonho. O Crítico se queixa e aí inicia-se um círculo vicioso. Finalmente, o Realista diz: "O nosso tempo está acabando. Vamos começar a trabalhar". Mas acabamos tendo uma mistura caótica de polaridades. O ciclo não progride porque o Sonhador está sendo constantemente interrompido pelo Crítico, e assim por diante.

Geralmente, estilos mentais diferentes encontram-se mais presentes em diversos estágios do ciclo de aprendizagem:

Sonhador — incompetência inconsciente;
Realista — competência consciente;
Crítico — incompetência consciente.

Em um grupo eficiente, cada um dos presentes apóia ou complementa as forças do outro, fazendo, por exemplo, com que o Sonhador adiante algumas idéias ao Realista que, por sua vez, indica um plano ao Crítico, que vai avaliá-lo, e assim por diante.

Um critério importante para lidar com um grupo é manter o seu equilíbrio. Por um lado, é necessário que o apresentador consiga suscitar o potencial do grupo como tal e, por outro também é importante suscitar e utilizar as forças individuais de cada integrante.

Algumas pessoas têm muitos poderes como Sonhador, Realista ou Crítico. Uma maneira de estimular a participação é tentar desenvolver a flexibilidade que todos têm para cobrir diferentes espaços perceptivos. Outra estratégia é identificar e depois utilizar as forças específicas de certas pessoas, evitando, porém, categorizá-las em papéis que as aprisionem.

O controle do relacionamento e do *rapport* entre os participantes do grupo é um elemento da mais alta importância no tipo de estratégia de comunicação usada pelo apresentador para guiar o processo do grupo. De fato, em alguns casos, o esforço de gerenciamento do grupo pode chegar a 80% em termos de relacionamento e 20% em termos de tarefa. Estimular a participação e o desempenho eficiente dos grupos geralmente pressupõe maior trabalho com o relacionamento entre as pessoas do que com o contexto no qual eles estão trabalhando. Pense nos ambientes de alto poder de aprendizagem do qual você já participou. Qual era a importância do relacionamento entre as pessoas, além do contexto em que você se encontrava para aprender?

Os relacionamentos criam o espaço de aprendizagem. Alguns tipos de tarefas de aprendizagem são mais bem realizadas se a pessoa estiver sozinha. Outras são mais bem aplicadas em pequenos grupos que vão discutir e comparar resultados. Temos ainda outras em que o resultado é mais efetivo se a informação for compartilhada com o grupo todo. A influência dos relacionamentos difere, dependendo do tipo de tarefa de aprendizagem na qual o grupo se encontra.

Lidar com o Equilíbrio entre Tarefa e Relacionamentos

Existe certo número de contextos nos quais o ensino e a aprendizagem são exigidos e desempenhados nas empresas. Esses contextos incluem vários mistos de elementos de tarefas e relacionamentos, e de várias orientações para a solução de problemas ou obtenção de objetivos.

Uma questão básica para se fazer uma apresentação eficaz inclui a determinação de um equilíbrio adequado de problema em relação à orientação da apresentação voltada para o objetivo desejado, e a ênfase relativa de uma tarefa de aprendizagem específica em seus aspectos comportamentais ou de trabalho comparado com os aspectos de relacionamento.

Para determinar o contexto específico de determinada apresentação, é necessário definir o trabalho de aprendizagem a ser realizado, o relacionamento entre o apresentador e o público, e, também, entre os membros do grupo. Diferentes públicos podem ter uma grande diversidade de papéis, motivações e atitudes uns em relação aos outros e ao material a ser apresentado. Portanto, tarefas, públicos e contextos de aprendizagem diferentes podem exigir estilos de apresentação e abordagens diversas.

Uma estratégia de "treinamento", por exemplo, pressupõe muita ênfase tanto no aspecto de trabalho como no de relacionamento. O papel de mentor envolve basicamente o apoio ao aluno como indivíduo, enfocando o processo de aprendizagem, em vez de dar importância ao trabalho em si. Já a apresentação exige uma ênfase maior no conteúdo ou no trabalho do que no relacionamento. Graças à natureza do contexto típico de apresentação, o nível de relacionamento pessoal é menos essencial do que no caso de um treinamento ou de um instrutor. Uma situação de aprendizagem que enfatize o relacionamento mais do que o trabalho seria a do mentor.

É importante separar as técnicas e os processos de apresentação do conteúdo da apresentação em si. As mesmas técnicas de relacionamento e de comunicação podem ser aplicadas em contextos diferentes; entretanto, um estilo de apresentação eficaz, em um contexto, nem sempre o é em outro. O apresentador eficiente precisa possuir a capacidade e a flexibilidade de reconhecer os vários contextos de aprendizagem, adaptando o seu estilo a cada um deles.

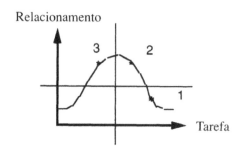

1. Apresentação: Ênfase alta na tarefa — Baixa no relacionamento.
2. Treinamento: Ênfase alta na tarefa — Alta no relacionamento.
3. Mentor: Ênfase baixa na tarefa — Alta no relacionamento.

Resumo de Orientação do Grupo

COMO ADMINISTRAR UM GRUPO

1. **Os objetivos, as evidências e as operações variam de estágio para estágio do ciclo de aprendizagem: incompetência inconsciente, incompetência consciente, competência consciente, competência inconsciente.**

2. **Os vários estágios do ciclo de aprendizagem devem ser equilibrados.**
   - O estágio da competência consciente não deve ser favorecido em detrimento dos outros.

   - É importante levar em consideração todos os estágios e estilos de aprendizagem e identificar os efeitos e intenções positivas.

   - Os diferentes estilos de aprendizagem correspondem a cada estágio.

Pontos Principais

O equilíbrio é um critério básico no controle da dinâmica de aprendizagem em grupo. Não se deve favorecer nenhum estilo mental em detrimento de outros.

O controle efetivo da aprendizagem pressupõe a recapitulação e incorporação contínuas das diferentes perspectivas de todos os membros do grupo.

Estilos mentais diferentes aparecem mais em estágios diferentes do ciclo de aprendizagem.

Resumo de Orientação do Grupo *(continuação)*

A ADMINISTRAÇÃO DAS RELAÇÕES É IMPORTANTE NAS APRESENTAÇÕES EFICAZES

- Nos contextos de aprendizagem, geralmente 80% da comunicação diz respeito aos relacionamentos entre as pessoas e 20%, à tarefa.
- Para lidar com um grupo de maneira eficaz é necessário trabalhar as relações para poder "criar espaço" aos processos de aprendizagem eficazes.
- A influência das relações é diferente, dependendo do tipo de contexto.

Pontos Principais

Saber lidar com as relações e o *rapport* entre os membros do grupo é crucial no processo de aprendizagem efetiva.

A influência das relações difere dependendo do tipo de contexto de aprendizagem.

Tipos de Processos de Grupo e Níveis de Experiência

Ao se elaborar uma estratégia de comunicação, é importante lembrar que existem tipos diferentes de objetivos do grupo relacionados aos diferentes níveis do processo de grupo (quem, por que, como, o que, onde e quando). Os diferentes níveis de *o que*, *como* e *por que* são um aspecto particularmente significativo do processo de grupo. Ao orientar outras pessoas, é importante levar em consideração os seus valores, as suas convicções e os tipos de TOTS a partir dos quais o grupo opera. Geralmente, as situações percebidas pelas pessoas como limitantes ou coercivas dependem das pressuposições ou crenças quanto aos contextos que elas consideram apropriados ou passíveis de participação. Por exemplo, as crenças e valores compartilhados pelo grupo vão afetar o seu senso de motivação e permissibilidade. Se o grupo é levado a perceber erros como fracassos em vez de informações a serem analisadas, as pessoas ficarão mais estressadas.

Existem várias pistas verbais associadas a vários níveis de experiência:

- A identidade é associada à linguagem do tipo: "Eu sou um...", "Ele é um..." ou "Você é um...".
- A linguagem no nível de crença geralmente é expressa sob a forma de julgamentos, regras e relações de causa e efeito: "Se... então...", "Você deveria...", "Nós temos de...".
- O nível de capacidades é indicado por palavras como "Saber", "Como", "Sou capaz de", "Pensar" etc.
- A linguagem de nível comportamental refere-se a comportamentos específicos e ações observáveis, como: "Fazer", "Agir", "Caminhar", "Dizer" etc.
- A linguagem do nível ambiental refere-se a características ou detalhes específicos e observáveis no contexto externo, por exemplo, papel branco, paredes altas, sala grande etc.

Existem vários níveis de operações que estimulam e controlam o processo de aprendizagem em grupo. Algumas operações podem ser feitas no nível ambiental e comportamental — estabelecer o *onde, quando* e *o que* em termos de estruturas temporais, restrições e ações. Outras operações incluem o estabelecimento de planos, estilos mentais e metaprogramas para promover a aprendizagem efetiva e incentivar as competências individuais — o *como*. Sem dúvida, as operações de nível de *por que* — crenças e valores — são bastante significativas para o processo em grupo. Existem também operações no nível do *quem*. Para se criar o espírito de equipe é necessário estabelecer a identidade do grupo. Portanto, existem diferentes tipos de estratégias que podem ser usadas pelo apresentador para tratar de questões relativas a "Querer", "Como", "Possibilidade de" e "Quem".

A comunicação completa pressupõe a definição de todos os níveis importantes associados à tarefa: quem, por que, como, o que, quando e onde. A apresentação eficaz irá englobar todos os níveis necessários para se atingir o objetivo de aprendizado. Assim, um aspecto extra-importante da estratégia de comunicação do apresentador, ao trabalhar com o grupo, é a coordenação desses diferentes níveis de processo. É aqui que eles se tornam importantes.

Ao mediar uma discussão, por exemplo, o apresentador talvez não defina as metas em termos de objetivos específicos, e, sim, em termos de valores ou do efeito desejado a ser manifestado pelo grupo. Pode ser importante começar por manter uma flexibilidade em relação ao *o que,* porém estabelecer consenso com respeito ao *porquê.* A estratégia de comunicação pode incentivar o consenso a respeito de *quem* e de *por que,* mas poderão surgir diversidades de pontos de vista em relação ao *como* e ao *o quê.* Se existirem muitas diferenças em relação ao *porquê* e ao *quem,* essas diferenças, em vez de serem produtivas, serão contraproducentes.

159

Em geral, os grupos mais eficiente terão objetivos e evidências aceitos por todos, porém, reconhecerão e incentivarão diferenças individuais relativas à capacidade e ação. Uma apresentação particular pode exigir mais ênfase em um nível do que em outros. O objetivo de algumas apresentações é comunicar como fazer algo, enquanto o de outras é inspirar as pessoas a estabelecer valores, enquanto outros voltam-se para esclarecer papéis dentro do sistema. Portanto, liderar um grupo inclui o alinhamento de diversos níveis de experiência, por exemplo, ações, planos, crenças, valores e papéis. Por isso, dirigir um grupo é um processo de níveis múltiplos. Em um grupo que obtém resultados efetivos, o "o que" está ligado ao "como", "por que" e "quem"; isto é, o comportamento do grupo é estabelecido no contexto de um plano, de um conjunto de valores e de um senso da identidade de papéis ou "do espírito de grupo". Um comportamento que não esteja ligado a valores é apenas uma "técnica" vazia. Esta é uma questão especialmente importante quando ligada à aprendizagem e ensino eficazes.

As pessoas, às vezes, cometem o erro de se concentrarem no aspecto comportamental do processo que alguém conseguiu aplicar com sucesso. Mas quando o comportamento fica separado das crenças, valores e da inspiração que compuseram parte do sistema que fez com que o processo inicialmente desse certo, as pessoas passam a simplesmente "ir de uma etapa para outra". As técnicas tornam-se triviais ou simplesmente reações mecânicas. Assumir uma fisiologia específica, por exemplo, é simplesmente um ato mecânico, se a pessoa também não estiver tendo acesso ao *como* e *por que* daquele comportamento.

O processo de aprendizagem pode ser comparado à culinária. O professor é como um cozinheiro, um mestre-cuca. As lições típicas enfocam o *o que* e se parecem com uma receita de cozinha. As estratégias de comunicação necessitam que se reflita sobre o *como* e o *porquê* e são bastante parecidas quando uma pessoa está aprendendo a cozinhar.

Muito da aprendizagem surge naturalmente da interação entre os vários níveis de processos. Um grupo é influenciado tanto pelos processos de nível macro como micro. As estratégias cognitivas e os padrões comportamentais irão influenciar os membros do grupo em um nível micro. Porém, os grupos também são orientados por processos mais gerais, tais como a "estrutura de resultado final".

Um grupo geralmente possui dinâmicas que transcendem aos estilos e tendências específicos das pessoas que dele fazem parte. Por exemplo, independentemente de qualquer fisiologia individual específica, alguns padrões cognitivos gerais relacionam-se a diferentes fases do ciclo de aprendizagem. Uma parte importante da direção de um grupo no nível macro relaciona-se à atitude geral do grupo e de seus componentes. Um desafio importante ao se dirigir o processo em grupo é manter a estrutura e uma atitude comum entre todos os seus participantes, sem interromper ou eliminar as suas habilidades individuais.

Examinamos várias maneiras de identificar e calibrar os microprocessos individuais. Existem também distinções relacionadas a processos mais gerais da interação entre as pessoas e das atitudes encontradas no grupo. Esses padrões são chamados "metaprogramas". Os padrões e "metaprograma" são classes gerais de atitudes associadas à maneira como as pessoas classificam a informação em um nível macro.

Resumo dos Tipos de Processos de Grupo e Níveis de Experiência

---

TIPOS DE PROCESSOS DE GRUPO E NÍVEIS DE EXPERIÊNCIA

- "Criar o espírito de grupo" está no nível "Quem".
- "Estabelecer valores e pressuposições comuns" está no nível do "Porquê".
- "Identificar e lidar com os vários estilos de aprendizagem" está no nível de "Como".
- "Definir operações e comportamentos específicos" está no nível de "O quê".
- "Definir o momento apropriado das operações e pacotes" está no nível de "Onde/Quem".

Pontos Principais

Existem diferentes tipos de objetivos de grupo relacionados aos vários níveis de processos em grupo (quem, por que, como, o que, onde e quando).

Existem vários tipos de estratégias (operações e evidências) para se tratar de questões de "querer", "como", "possibilidade de" e "a quem".

Atitudes Básicas e Filtros de Experiência: Metaprogramas

Em muitas maneiras, as distinções de metaprogramas são versões mais gerais de muitos dos processos que temos examinado neste livro. Os metaprogramas são descrições das diferentes maneiras pelas quais um espaço perceptivo ou elementos desse espaço podem ser abordados.

Como no caso de outras diferenciações que já examinamos, a pessoa pode aplicar o mesmo padrão de metaprograma independentemente do conteúdo e do contexto. Da mesma maneira, não se trata de distinções de "tudo ou nada" e elas podem ocorrer em proporções variadas.

Metaprogramas

Ao abordar um programa ou idéia, pode-se enfatizar a ida *"em direção"* a algo ou a *"afastar-se de"* algo ou, ainda, uma média entre os dois. No grupo, o problema ou idéia podem ser abordados em vários níveis de próatividade ou reatividade.

"O tamanho do segmento" relaciona-se ao nível de especificidade ou generalidade com o qual uma pessoa ou grupo analisa um problema, idéia ou espaço perceptivo. Os conceitos e situações podem ser analisados em termos de vários níveis de detalhe (microssegmentos de informação) e generalidades (macrossegmentos de informação).

Os problemas e as situações podem ser examinados a partir do ponto de vista de estruturas temporais de longo, médio e curto prazos, e no contexto do passado, presente ou futuro. A estrutura temporal na qual o problema ou idéia é examinado pode influenciar bastante a maneira como ele é interpretado e abordado. Pode haver implicações tanto de longo prazo como de curto prazo.

Algumas pessoas tendem a voltar-se para o passado para encontrar soluções, em vez de olharem para o futuro. Um bom exemplo é a diferença encontrada entre o ex-líder soviético Michail Gorbachev e as pessoas que tentaram tirá-lo do poder antes do desmembramento da União Soviética. Enquanto um se preparava para o futuro, os outros estavam tentando preservar o passado.

Os problemas e situações podem ser examinados à luz do resultado da *tarefa* ou em relação a questões envolvendo *relacionamento*, tais como "poder" e "afiliação". A questão do equilíbrio do enfoque com relação à tarefa e ao relacionamento é, sem dúvida, a chave número um com respeito ao gerenciamento de um grupo. Para terminar uma tarefa, devem-se enfatizar os objetivos, procedimentos ou escolhas. As questões relativas ao relacionamento devem ser abordadas com a ênfase no ponto de vista de si mesmo, dos outros ou do contexto ("a empresa", "o mercado" etc.) em vários níveis.

Um problema ou idéia podem ser examinados comparando-se as semelhanças (*simetria*) ou as diferenças (*assimetria*) dos seus diversos elementos. Em grupo, isso se traduz pelo fato de se estar tentando atingir um consenso ou incentivar a diversidade.

As estratégias de tratamento dos problemas e idéias podem enfatizar várias combinações de visão, ação, lógica ou emoção. Os padrões microcognitivos em nível individual podem ser expressos em termos de estilo de pensamento geral em nível macro ou de grupo. A visão, a ação, a lógica e a emoção são expressões mais gerais de visualização, movimento, verbalização e sentimento.

Os estilos e abordagens de ensino e aprendizagem diferentes são caracterizados por conjuntos e seqüências diferentes de metaprogramas em vários coeficientes. A abordagem da pessoa pode incluir um enfoque de 80% no relacionamento e 20% na tarefa ou ainda 70% a longo prazo e 30% a curto prazo. Outra pessoa pode preferir enfatizar a tarefa como sendo 90% do enfoque e pensar mais em termos de considerações a curto prazo.

Os diferentes grupos de metaprogramas englobam claramente diferentes áreas do espaço perceptivo. Neste sentido, não existem metaprogramas "corretos" ou "incorretos". Assim, a sua efetividade com relação à aprendizagem e ao ensino relaciona-se à habilidade de aplicá-los a fim de cobrir o espaço necessário para se lidar de maneira adequada com um problema ou idéia.

Tipos diferentes de atividades exigem tipos diferentes de atitudes e abordagens. Algumas atividades exigem ou enfatizam a capacidade de enfocar os microssegmentos e detalhes. Outros já exigem a habilidade de ver a imagem como um todo. Fases diferentes do ciclo de um grupo ou equipe podem exigir estilos mentais distintos. Portanto, atitudes específicas ou grupos de metaprogramas podem ser mais ou menos benéficos em diferentes estágios do processo de grupo. A ênfase maior nos resultados em vez de nos procedimentos pode ajudar ou atrapalhar a aprendizagem do grupo, em momentos diferentes. Algumas fases podem exigir um consenso, enquanto que, em outras, é importante incentivar diferenças de pontos de vista.

Diferentes estilos mentais e abordagens terão diferentes valores para tipos específicos de aprendizagem. Na aprendizagem conceitual, por exemplo, pode ser benéfico conduzir o pensamento para a imagem como um todo e uma estrutura temporal mais ampla. Para desenvolver a técnica de procedimento, pode ser mais útil enfocar ações de curto prazo. Para tarefas analíticas pode ser mais adequado pensar logicamente nos detalhes da tarefa, e assim por diante.

Deste ponto de vista, o controle do processo em grupo engloba essencialmente a orientação e acompanhamento dos metaprogramas dos participantes do grupo para preencher "os elos perdidos" e ampliar a percepção do conceito ou idéia.

Resumo das Atitudes Básicas
e Filtros de Experiência: Metaprogramas

ESTILOS MENTAIS E APRENDIZAGEM

1. **Abordagem geral**
   - Caminhar "em direção a" ou "afastar-se de" algo
   - Ser "pró-ativo" ou "reativo'
2. **Unidades de análise**
   - Detalhes — pequenos segmentos de informação
   - Generalidades — grandes segmentos de informação
3. **Estrutura temporal**
   - "Curto prazo" ou "longo prazo"
   - Enfoque no passado, no presente ou no futuro
4. **Estilo cognitivo básico**
   - Visão
   - Ação
   - Lógica
   - Emoção

Pontos Principais

Os metaprogramas descrevem os padrões utilizados pelas pessoas para levarem em consideração as suas experiências, a informação e as suas percepções da situação, e como elas as segmentam.

Os metaprogramas relacionam-se a diferentes tipos de classificação e filtragem de informação e experiências.

Os metaprogramas podem ser usados para exemplificar pessoas, culturas ou papéis.

Identificação dos Estilos Mentais Básicos

O controle efetivo do grupo inclui a recapitulação e incorporação contínua dos diferentes pontos de vista de todos os seus componentes. Portanto, ao mediar um grupo, é importante manter o equilíbrio entre: a) incentivar os diferentes pontos de vista; e b) compartilhar a compreensão das questões relativas à aprendizagem e aos seus objetivos.

Existem duas aplicações ou motivos básicos da aprendizagem organizacional: 1) resolver problemas; e 2) estabelecer ou implantar idéias. A implantação de idéias e a solução de problemas são processos inter-relacionados que podem ser controlados e equilibrados de maneira complementar. Em geral, se o contexto inclui a solução de problemas, a ênfase do apresentador é colocada para incentivar novos pontos de vista. Se o contexto está propondo e examinando uma idéia nova, a ênfase passa a ser dada à sintetização. Em outras palavras, se o grupo está resolvendo um problema, o apresentador procura promover diferentes pontos de vista. Se o grupo está colocando em prática uma nova idéia, o apresentador estará procurando pontos em comum e consenso geral. O equilíbrio é o critério básico no controle da dinâmica de grupo. Nenhum estágio ou estilo de pensamento deve ser favorecido em detrimento de outros. Vários estilos de pensamento são aplicados de maneira diferente para atingir e colocar em prática idéias *versus* a solução de problemas. Por exemplo, o Sonhador, o Realista e o Crítico não são tipos de personalidade rígidos, e, sim, tendências que existem em todos nós. Existem objetivos e estratégias gerais para cada estilo de pensamento diferente. Por exemplo:

O Sonhador amplia o espaço perceptivo.

O Realista define ações.

O Crítico avalia as recompensas e os problemas.

Existe um novo tipo de equilíbrio dinâmico de processos que ocorre em um grupo, que pode ser administrado de maneira que esses estilos mentais diferentes possam complementar-se uns aos outros, ou, se não for o caso, entrar em conflito. E a questão é saber se: "Há um equilíbrio implícito em um ciclo produtivo ou acaba-se por polarizar a diferença de mentalidades criando um certo tipo de impasse?". Essas diferentes funções e capacidades podem ou ajudar-se mutuamente ou ser destrutivas. A questão básica no controle de um grupo é saber como administrar esse equilíbrio dinâmico no próprio grupo.

Portanto, uma habilidade primordial do apresentador é ser capaz de identificar e reagir de maneira adequada a padrões típicos de estilos mentais. Uma forma de evocar informações importantes sobre a maneira de pensar de uma pessoa é fazendo perguntas relativas à avaliação e tomadas de decisão que incluem relacionamentos, sucessos, trabalho e uso do tempo. Enquanto os metaprogramas não se relacionam a palavras específicas, os padrões lingüísticos servem como importantes pistas de orientação de metaprogramas. Os estilos também podem ser mostrados por meio de sinais não-verbais, tais como ênfase no tom de voz, gestos e postura corporal.

165

Exercício 10: Identificação dos Estilos de Pensar

Neste exercício examinaremos alguns pontos relativos à identificação e à maneira de lidar com diferentes formas de pensamento. Formem um grupo de quatro pessoas. Uma será o apresentador e as outras serão os componentes.

1. Cada componente do grupo escolhe uma maneira de pensar diferente a ser representada (sonhador, realista e crítico). Os componentes do grupo também deverão escolher alguns padrões da lista de estilos de pensamentos básicos da unidade anterior, e também deverão informar ao apresentador o estilo mental escolhido.

2. O apresentador introduz um tópico e organiza uma rápida discussão a respeito. Ele deverá aplicar os princípios de comunicação e relação examinados até agora. Os objetivos do apresentador devem ser: manter uma interação equilibrada entre os componentes do grupo e fazer com que continuem em um estado interno positivo.

3. Após a discussão, o apresentador deduz os estilos de pensamento dos vários membros do grupo e este deve discutir o impacto desses estilos de pensamento sobre a discussão.

Técnicas de Gerenciamento de Grupo

O gerenciamento de grupo inclui as técnicas relacionadas ao controle de tarefas, relação e contexto. As técnicas relacionadas às tarefas são geralmente finalizadas em termos de resultados. A técnica gerada para a relação e o contexto são finalizadas em termos dos efeitos do grupo em questão de consenso, motivação e o estado geral dos componentes do grupo. O controle do contexto inclui lidar com vários elementos diferentes que têm parâmetros físicos e não-físicos. Além do ambiente físico, o contexto é definido pelo objetivo da interação, pressuposição relacionada a funções, políticas e objetivos, e restrições colocadas em um contexto temporal ou, ainda, o uso de espaço físico. Outro aspecto importante de contexto é o estágio do ciclo de aprendizagem em que se encontram os participantes.

Um aspecto-chave da apresentação e da liderança de grupo é a estratégia de comunicação adotada pelo apresentador. Nossa definição de aprendizagem mais fundamental é a que inclui a criação de mapas cognitivos, experiências de referência e as ligações que existem entre ambos. Examinamos alguns dos processos e técnicas associados ao ensino e aprendizagem efetivos, dentre os quais se incluem:

1) os mapas cognitivos e os canais perceptivos usados pelo apresentador;

2) a fisiologia do apresentador e do grupo;

3) os estilos de aprendizagem e de pensamento dos componentes do grupo, e a maneira como eles se relacionam aos diferentes estágios do ciclo de aprendizagem;

4) as crenças, os valores e a identidade dos participantes do grupo.

Todas essas influências contribuem para a eficiência do grupo e dos indivíduos. A estratégia de comunicação do apresentador inclui a maneira pela qual ele define e direciona esses quatro elementos-chave.

Os canais de representação são uma importante dimensão da estratégia de comunicação do apresentador. Diferentes canais de representação e padrões verbais direcionam os processos cognitivos dos componentes do grupo de diversas formas e influenciam as percepções das relações que existem entre os papéis que cada um representa. Os canais de comunicação e de representação têm usos e forças diferentes. Uma estratégia de comunicação eficiente mescla os canais e modos de comunicação para atingir objetivos e manter a harmonia entre os participantes.

Com freqüência, pressupomos que a capacidade cognitiva dos outros é semelhante à nossa. Mas nem sempre isso é verdadeiro. Um método importante para estabelecer *rapport* quando nos comunicamos com as outras pessoas é sincronizar o nosso canal de representação com o delas.

É importante reconhecer que os outros têm maneiras de pensar diferentes das nossas. Às vezes, a pessoa não visualiza mesmo quando está ouvindo falar de coisas que exigem a capacidade de se lembrar ou de fantasiar visualmente. Outras vezes, a pessoa enfoca uma imagem específica que estava gravada em sua mente. Ela sobressai porque é especial ou é a única à qual a pessoa foi exposta. Em situações difíceis ou estressantes, as pessoas sempre voltam a utilizar o canal representacional mais usado.

Diferentes maneiras de pensar são expressas por meio de diferentes tipos de fisiologia. Reconhecer as pistas fisiológicas associadas aos diferentes estados internos e maneiras de pensar é uma técnica muito útil para dirigir ou focar a atenção. Em um grupo, os padrões de macrofisiologia, linguagem e canais de representação podem ser usados para conduzir ou acompanhar o estilo mental geral de todo o grupo.

No nível macro, o estado da pessoa em um papel específico é determinado pelo seu objetivo e por sua atitude. A atitude pode ser representada em termos de grupo de metaprogramas que ela manifesta em relação ao seu objetivo. O sucesso do apresentador depende da sua capacidade de ir ao encontro dessas necessidades e percepções do público em vários níveis diferentes, incluindo estilos de aprendizagem, valores e identidade de papel.

Um dos princípios de aprendizagem inclui a importância de se ampliar a cobertura do espaço perceptivo. Neste sentido, não existe um metaprograma de estilo de pensamento que seja considerado certo ou errado. O sucesso do grupo será baseado na sua capacidade de poder examinar todas as questões apropriadas que existem no espaço perceptivo.

Ao criar uma estratégia para liderar um grupo, é importante perceber que a função do indivíduo como integrante do grupo pode ser diferente do papel que aquela pessoa tem em uma organização mais ampla. Às vezes quando estamos organizando o novo grupo precisamos deixar que as funções de cada pessoa se desenvolvam. E, em um grupo, nem sempre os papéis ligados ao processo de aprendizagem são relacionados à função e ao papel que aquela pessoa tem na empresa ou na organização, em termos mais amplos. Pode haver papéis que só existam na organização e outros que só existam no grupo.

Técnicas Básicas de Interação com o Público

Há várias técnicas de interação valiosas para liderar de maneira efetiva um processo de grupo:

- Controlar e monitorar a seqüência das atividades do grupo.
- Reconhecer e dirigir vários estilos mentais diferentes (Sonhador, Realista e Crítico).
- Definir e monitorar o desempenho do TOTS do indivíduo e do grupo.
- Monitorar o TOTS geral de tarefas e relações.
- Acompanhar e orientar: a) a fisiologia; b) as maneiras de pensar; e c) os valores dos componentes do grupo.
- Identificar e preencher as lacunas ou os elos que faltam em relação: a) aos metaprogramas; b) aos níveis de processo; e c) às posições perceptivas importantes.
- Uso da psicogeografia e das pistas comportamentais para influenciar a dinâmica interativa do grupo.
- Remessa e monitoração das metamensagens, a fim de dirigir o nível de comunicação, seu estado e *status*.
- Fornecer e esclarecer informações relacionadas ao contexto ou à estrutura da tarefa do grupo a fim de dar uma linha diretriz para os participantes.

Resumo das Técnicas de Gerenciamento de Grupo

> ### TÉCNICAS RELACIONADAS AO GERENCIAMENTO DO GRUPO
>
> **Percepção do ciclo de aprendizagem**
>
> **Manter o equilíbrio da tarefa e do relacionamento**
>
> **Acompanhamento e condução:**
> - Da fisiologia
> - Dos canais de representação
> - Dos valores
>
> **Reação a diferentes:**
> - Maneiras de pensar
> - Níveis
> - Pontos de vista (posições perceptivas)
>
> **Calibração e monitoração das metamensagens não-verbais**

Pontos Principais

Dentre as técnicas voltadas à mediação de um grupo temos as relacionadas ao controle de tarefas, relação e contexto.

As técnicas relacionadas à tarefa são finalizadas em resultados.

As técnicas voltadas para a relação e o contexto são finalizadas nos efeitos sobre o grupo em termos de consenso, motivação e estado do grupo como um todo.

Exercício 11: "Recapitulação" e Escuta Ativa

Uma maneira de aplicar as técnicas interativas de liderança de grupo é por meio do processo da escuta ativa e da recapitulação. A escuta ativa inclui a paráfrase e retroalimentação da compreensão daquilo que a pessoa disse. Por exemplo, se um participante perguntar: "Quais são as formas específicas de acompanhar a maneira de pensar de outra pessoa?", o apresentador poderia responder: "Se eu entendi bem, você gostaria de ter exemplos de como acompanhar a maneira de pensar de outra pessoa". É uma maneira útil de reconhecer que você ouviu o que a outra pessoa disse, além de permitir verificar se você entendeu bem o mapa da outra pessoa.

A recapitulação é o processo que inclui a revisão, sinopse, resumo ou recapitulação seqüencial de pontos importantes de uma interação completa. Em vez de parafrasear a comunicação mais recente de um dos participantes do grupo, o apresentador recapitularia dizendo o seguinte: "Portanto, as questões básicas da nossa discussão foram a)... b)... c)...". Além dos benefícios da escuta ativa, a recapitulação ajuda os participantes a se lembrarem sempre dos temas e das estruturas completas e ajuda-os a fazer e ancorar associações entre os conceitos cognitivos básicos.

Tanto a escuta ativa como a recapitulação dão ao apresentador a oportunidade de aplicar certo número de técnicas interativas e não-verbais que já vimos neste livro. Enquanto está aplicando a escuta ativa ou a recapitulação, o apresentador poderá acompanhar e conduzir alguns dos participantes do grupo, estabelecer âncoras, enfatizar alguns pontos usando metamensagens não-verbais, calibrar a reação do público a certos tópicos e questões, e assim por diante.

O exercício a seguir inclui a prática de técnicas de escuta ativa e recapitulação.

1. O apresentador introduz um assunto ao grupo e anota as perguntas.

2. O apresentador deve "recapitular" (escutar ativamente) a pergunta antes de respondê-la e fazer a correlação com qualquer outra questão importante previamente feita. Ele poderá usar este momento como uma oportunidade para colocar em prática algumas das técnicas não-verbais de comunicação que foram vistas até agora neste livro, como, por exemplo:

    • Reconhecer e dirigir diferentes estilos de pensamento.

    • Acompanhar e conduzir: a) a fisiologia; b) maneiras de pensar; e c) valores dos participantes.

    • Enviar e monitorar metamensagens a fim de dirigir o nível de comunicação, estado e *status*.

    • Fornecer e esclarecer informação relacionada ao contexto ou estrutura da tarefa do grupo para dar um ponto de enfoque para os participantes.

3. No final da interação, o apresentador deverá resumir todas as perguntas que lhe foram feitas.

4. Após a interação, os componentes do grupo discutirão os efeitos e benefícios da escuta ativa e da recapitulação.

Resumo da "Recapitulação" e Escuta Ativa

> ## TÉCNICAS BÁSICAS DE INTERAÇÃO COM UM GRUPO
>
> "Acompanhamento e Condução"
> **Identificação e Equivalência de Estilos Mentais Básicos**
> **"Escuta Ativa"**
> Parafrasear perguntas e "recapitular" comentários

Pontos Principais

Existem várias maneiras com as quais o instrutor pode facilitar e coordenar o processo de aprendizagem de um grupo ou equipe:

- reconhecer e dirigir os diferentes estilos mentais (Sonhador, Realista e Crítico);

- acompanhar e conduzir: a) a fisiologia; b) os estilos de pensamento; e c) os valores dos componentes do grupo;

- identificar e preencher os espaços ou elos que faltam relacionados a: a) metaprogramas; b) níveis de processo; e c) posições perceptivas importantes;

- usar a "psicogeografia" e pistas comportamentais para influenciar a dinâmica interativa do grupo.

Técnicas de Linguagem Orientadas para o Processo

Uma maneira de ajudar a combinar uma comunicação ao estilo de aprendizagem de uma pessoa é utilizando-se de palavras processuais que refletem a modalidade sensorial específica que está sendo vivenciada pelo participante por meio dos seus padrões de linguagem.

A experiência atual da pessoa inclui alguma combinação de cada um dos sentidos ou "sistemas de representação". Cada pessoa usa o sentido auditivo, visual, cinestésico, olfativo ou gustativo para criar o seu modelo de mundo. Devido às influências da sua história pessoal e dos ambientes nos quais eles desenvolveram os seus canais de representação, há uma tendência para que muitas pessoas desenvolvam ou valorizem as capacidades de processamento de informação de um dos canais de representação mais do que os outros. A pessoa mais auditiva prefere usar o ouvido para perceber, e depende de palavras para informações que serão decisivas para o seu comportamento. A pessoa mais visual usa basicamente os olhos para perceber o mundo ao seu redor e usa imagens visuais para lembrar-se e pensar. A pessoa mais cinestésica usa as sensações; os estímulos externos e internos são classificados pelas sensações e elas determinam suas decisões. O olfato e o paladar não são sentidos primários, especialmente em contextos de apresentação e organização, portanto, não serão mostrados nas discussões e exemplos a seguir; entretanto, neste grupo temos as pessoas que percebem o mundo através de paladares e odores, como aquelas que cozinham bem. O canal de representação predominante ficará mais evidente quando a pessoa se encontrar em um estado de estresse.

Quando um canal de representação for mais valorizado ou mais desenvolvido do que os demais, isto pode ser um ponto positivo ou uma limitação, dependendo da flexibilidade que a pessoa tiver para aceitar ou desenvolver os outros canais. Entretanto, o canal de representação que tem mais valor afetará profundamente a maneira como a pessoa percebe e age no mundo.

Predicados Baseados nos Sentidos

O canal preferido pode ser identificado pelos predicados, adjetivos, advérbios, verbos e qualquer outra linguagem descritiva usada pela pessoa ao falar. Há uma tendência reveladora de que as pessoas fazem aquilo sobre o que elas estão falando. Através da linguagem, as pessoas literalmente nos contam os canais de representação que estão empregando para entender e organizar a experiência pela qual estão passando. Nos grupos de palavras citadas a seguir, damos exemplos de predicados de cada um dos três sentidos básicos:

Visual: Estou vendo o que você está dizendo; isso não me parece certo; preciso esclarecer melhor essa idéia; estou vendo um pouco de confusão nisto; me deu um branco; isso pode ajudar a esclarecer o assunto; precisamos de um novo ponto de vista.

Auditivo: Eu estou ouvindo você; isto me soa bem; de repente me deu um clique; precisamos estabelecer uma sintonia fina; e aí eu me perguntei.

Cinestésico: Sinto que este projeto vai ser bom; ele precisa entrar em contato com as suas emoções; acho que esta é uma proposta sólida; eu me senti encostado na parede; este problema é muito pesado.

172

Abaixo vemos algumas das indicações lingüísticas mais comuns associadas às diferentes modalidades de representação.

VISUAL	AUDITIVO	CINESTÉSICO
"ver"	*"ouvir"*	*"tocar"*
"olhar"	*"escutar"*	*"segurar"*
"visão"	*"som"*	*"sentir"*
"claro"	*"ressoar"*	*"sólido"*
"luminoso"	*"alto"*	*"pesado"*
"imagem"	*"palavra"*	*"manipular"*
"nebuloso"	*"barulhento"*	*"áspero"*
"iluminar"	*"dar um clique"*	*"conectar"*
"mostrar"	*"dizer"*	*"movimentar"*

Resumo das Técnicas de Linguagem Orientadas para o Processo

TÉCNICAS DE LINGUAGEM ORIENTADAS PARA O PROCESSO

Equivalência das Palavras-Chave do Sistema Representacional

Palavras representacionais usadas com mais freqüência

VISUAL	AUDITIVO	CINESTÉSICO
"ver"	*"ouvir"*	*"tocar"*
"olhar"	*"escutar"*	*"segurar"*
"visão"	*"som"*	*"sentir"*
"claro"	*"ressoar"*	*"sólido"*
"luminoso"	*"alto"*	*"pesado"*
"imagem"	*"palavra"*	*"manipular"*
"nebuloso"	*"barulhento"*	*"áspero"*
"iluminar"	*"dar um clique"*	*"conectar"*
"mostrar"	*"dizer"*	*"movimentar"*

Pontos Principais

Outra maneira de ajudar a fazer a equivalência entre a comunicação e o estilo de aprendizagem de outra pessoa é usando palavras de processo que reflitam a modalidade sensorial específica do participante.

Alguns padrões de linguagem indicam tipos e qualidades de processos cognitivos.

Os conjuntos de pistas físicas dão indicações sobre que tipo de micropadrões cognitivos estão sendo mobilizados e relacionados durante o processo mental da pessoa.

Acompanhamento e Condução Durante a Discussão em Grupo

Uma maneira de estabelecer *rapport* e reconhecer os estilos mentais das pessoas é através da adaptação da nossa própria linguagem a fim de entrar em harmonia com a pessoa por meio de um contato com a sua maneira perceptiva. Isto pode ser feito usando duas técnicas: acompanhamento e tradução.

1. Acompanhamento

Como já vimos neste livro, o acompanhamento é o processo de utilização e retroalimentação de pistas comportamentais importantes usadas pela outra pessoa. No nível verbal isso significa repetir o sistema representacional mais utilizado, pela equivalência dos seus predicados. Isto também implica ter a flexibilidade de escolher e incorporar o vocabulário da pessoa a seu próprio vocabulário.

Por exemplo, uma forma de desenvolver *rapport* é ouvir o tipo de padrões lingüísticos utilizados pela pessoa e utilizar a "escuta ativa" pela equivalência de algumas das suas palavras. Portanto, se alguém disser: "Sinto que precisamos aprofundar mais este assunto", você poderia dizer: "Eu compreendo que você sinta que devemos explorar mais isto", em vez de dizer: "Parece-me que você quer dar mais enfoque a esta questão".

Podemos dar exemplos para esclarecer melhor a maneira como funciona este processo. A transcrição de um diálogo a seguir ilustra a função de acompanhamento. A primeira estabelece a maneira como ocorre a falta de comunicação, provocada pela falta de acompanhamento entre um apresentador visual e um participante cinestésico:

Visual: Se você olhar mais uma vez a apresentação que eu fiz, tenho certeza de que conseguirá ver claramente que enfatizei todos os pontos importantes. Não vejo o que pode estar lhe incomodando.

Cinestésico: Continuo com a sensação de que está faltando alguma coisa e eu não consigo perceber o que é, mas há algo em que precisamos trabalhar mais.

Visual: Acho que você não conseguiu ver o meu ponto de vista. Se você conseguisse entender a minha perspectiva, seria capaz de enxergar as coisas de maneira mais clara.

Cinestésico: Eu não acho que você esteja entrando em contato com as questões mais sólidas e poderíamos ter problemas realmente graves se você não conseguisse manejar esses problemas de agora.

Fica claro que essas duas pessoas estão tendo problemas de comunicação — uma usa palavras que se referem ao que ela vê, enquanto a outra usa palavras referentes ao que ela sente. A transcrição que vem a seguir dá um exemplo da falta de comunicação entre um participante "visual" e um instrutor "auditivo".

Auditivo: Eu quero conversar com você porque tenho algumas idéias que estão na minha cabeça e gostaria de descobrir o que você pensa sobre elas.

Visual: Deixe-me ver o que você tem aí. Você fez um esquema? Você pode me mostrar?

Auditivo: Bom, estas são questões com as quais comecei a trabalhar agora e gostaria que você me desse a sua opinião a respeito. Não gostaria que comentasse isso com ninguém, mas, embora ainda não seja nada definitivo, gostaria que você me desse informalmente a sua opinião.

Visual: Prefiro que você volte aqui quando tiver algo definitivo para me mostrar. Só aí, quando tiver algo que realmente valha a pena ser examinado, poderemos conversar sobre o assunto.

Mais uma vez, a falta de comunicação ocorreu porque nenhuma das duas pessoas reconheceu o canal representacional da outra. A próxima transcrição fornece um exemplo de acompanhamento do canal representacional do outro:

Visual: Quando penso na apresentação, acho algumas áreas nebulosas. Eu ainda não tenho muita clareza sobre o que você estava tentando me dizer.

Acompanhamento: Acho que posso ver o que você está dizendo. Vou tentar ilustrar as minhas idéias um pouco melhor. Aí tenho certeza de que você poderá enxergar melhor a questão.

Auditivo: Acho que precisamos conversar um pouco mais a esse respeito. Eu ouvi o que você disse e me parece que há alguns pontos de desacordo entre o que você está dizendo e o que eu estou pensando.

Acompanhamento: Acho que posso entender o que você está dizendo. Vamos recapitular a nossa conversa e falar sobre aquilo que possa estar faltando. Então, poderemos raciocinar juntos.

Cinestésico: Não consigo perceber o que você está dizendo. Eu sinto como se estivesse perdendo pé. Não consigo sentir o que você está apresentando.

Acompanhamento: Acho que percebo o que você quer dizer. Não quero empurrá-lo contra a parede, porque eu também me sentiria sem chão. Gostaria de aliviar as coisas, portanto, acho que o melhor é recapitular a apresentação e tentar descobrir alguns pontos sensíveis.

Assim, utilizando palavras que aceitam e refletem o sistema representacional usado pela outra pessoa, a comunicação e o acordo podem acontecer mais rapidamente e com mais facilidade.

2. Tradução

A "tradução" significa refazer as palavras, convertendo-as de um sistema representacional para outro. Isto inclui a simetria e a assimetria de predicados, de maneira que uma pessoa visual possa entender o que diz uma pessoa cinestésica, e uma pessoa auditiva possa perceber aquilo do que fala a visual. Esta técnica aplica-se especialmente a discussões em grupo.

Utilizaremos a transcrição de um diálogo para ilustrar a técnica. Neste exemplo, houve uma falha de comunicação entre Bárbara (uma pessoa visual) e Bill (uma pessoa cinestésica). O apresentador está orientando a discussão e traduzindo as idéias, utilizando predicados típicos que englobam os diferentes sistemas de representação:

Bárbara: Ele fica me mostrando a sua idéia, mas me parece muito confuso. Não vejo como uma coisa tão desorganizada possa melhorar a nossa situação.

Bill: Acho que ela é muito insensível às coisas que são realmente importantes para as pessoas. Esta idéia expressa a maneira como muitas pessoas sentem. Se ela não fosse tão insensível aos sentimentos dos outros, poderia entrar em contato com a maneira como isso pode dar certo.

Apresentador: Bárbara, acho que Bill está tentando dizer que você precisa mudar o seu ponto de vista a respeito desta idéia, e deixar os detalhes de lado para que possamos focalizar a imagem maior. Depois, você vai ver que existem alguns pontos que vão se sobressair mais do que outros.

Bill, acho que você deve tentar calçar os sapatos de Bárbara. Quando ela tenta entrar em contato com a maneira como a apresentação está sendo feita, acho que ela sente que está sendo levada para vários pontos diferentes e que não há nada a que ela possa se agarrar. Tente manter a sua idéia um pouco mais pé no chão e estável, em vez de levá-la para o lado errado; acho que ela conseguiria perceber como as coisas se encaixam de maneira mais suave.

Neste caso, o apresentador age literalmente como um tradutor, transferindo as mensagens e usando palavras que se referem a diferentes canais de representação.

Sem dúvida, esses exemplos estão muito exagerados em termos da quantidade de linguagem do sistema representacional utilizado, mas as pessoas geralmente expressam esses diferentes sistemas representacionais de maneira bastante explícita ao fazer perguntas e comentários.

Acompanhamento Verbal de Sistemas Representacionais

O exercício a seguir indica a maneira de treinar a simetria e a assimetria de padrões de linguagem sensoriais.

1. B pede a A para pensar em algo sobre o que A é muito congruente e em outra coisa a respeito da qual A não é totalmente congruente, e calibra as diferenças da sua fisiologia.

2. Depois B pergunta a A algo importante. B continua a perguntar a A até que A dê uma resposta que indique um sistema representacional específico. (Isto fica mais fácil no contexto de "recapitulação" ou "escuta ativa".)

3. Em vez de recapitular, B deve parafrasear o que A diz, mudando os predicados do sistema representacional e verificando se há congruência ou incongruência.

Exemplos:

Afirmação: "Fico satisfeito com meu trabalho quando sinto que ajudei alguém a entrar em contato com sua própria criatividade".

Paráfrase #1: "Portanto, você fica satisfeita quando se vê como alguém que mostra aos outros as suas próprias capacidades criativas".

Paráfrase #2: "Você fica satisfeito quando as pessoas lhe dizem que você é um eco da criatividade delas?".

Exercício 12: Acompanhamento e Condução Durante uma Discussão de Grupo

No próximo exercício, os leitores terão a oportunidade de examinar o impacto da linguagem orientada para o processo. O apresentador vai treinar o acompanhamento e/ou condução da maneira de pensar dos outros, utilizando os seus próprios padrões de linguagem. Os outros participantes deverão usar uma linguagem que reflita sistemas representacionais específicos e terão a oportunidade de verificar como essas palavras moldam as suas percepções.

Formem grupos pequenos. Uma das pessoas será o apresentador e as outras serão os membros do grupo, representando pessoas que possuem diferentes sistemas representacionais.

1. Os membros do grupo escolhem diferentes modalidades de representação e padrões de linguagem para representar.

2. O apresentador introduz um assunto e cria uma rápida discussão a respeito.

3. Durante a discussão, o apresentador deverá:

   a) acompanhar a linguagem de cada pessoa;

   e/ou

   b) conduzir em direção a um sistema representacional diferente ou preferido, escolhido pelo apresentador.

4. O grupo discute o efeito da representação de cada papel e das intervenções do apresentador. Os participantes deverão descrever o efeito da sua própria linguagem sobre a sua experiência interna e também o impacto da linguagem utilizada pelo apresentador.

11

LIDANDO COM RESISTÊNCIAS OU INTERFERÊNCIAS

Identificar e explorar a comunicação e as técnicas relacionais necessárias para lidar com resistências e interferências no grupo.

- Motivação e Resistências com Respeito à Aprendizagem
- Técnicas Relacionais e de Comunicação para Lidar com Resistências e Interferências
- Alguns Princípios para Lidar com Resistências e Interferências
- Fazer Observações ao Grupo
- Lidar com Diferentes Formas de Pensar do Grupo

Motivação e Resistências com Respeito à Aprendizagem

A motivação e a resistência são questões básicas em todos os aspectos do processo de aprendizagem. Elas influenciam a aprendizagem de maneiras importantes, influindo inclusive na quantidade de esforço que as pessoas investem para estudar, na quantidade de tempo que elas passam treinando as técnicas importantes e no nível de estresse e ansiedade que sentem.

A Influência das Expectativas de Motivação e Resistência

A motivação e resistência são moldadas e influenciadas pelos valores e expectativas de cada um. Existem várias influências básicas sobre a motivação da pessoa para aprender, como:

1. *Nível de Desejo do Resultado Final.* Aquele no qual a pessoa valoriza as conseqüências ou os resultados atingidos pela atividade a ser aprendida forma a base do incentivo externo para aceitar o processo de aprendizagem.
2. *Expectativa de Ação-Resultado Final.* A motivação é influenciada pelo nível em que a pessoa percebe que as técnicas que está utilizando realmente produzem benefícios no sistema ambiental que constituem a sua realidade.
3. *Auto-Eficácia Percebida.* O aumento da percepção da sua própria eficácia pessoal ou capacidade de adaptação é o motivador interno da aprendizagem e do desempenho. Por outro lado, a falta da percepção da auto-eficácia pode produzir medo e resistência.

Já que o processo de aprendizagem implica que a pessoa modifique o comportamento para atingir um resultado final no ambiente em que se encontra, as crenças e expectativas a esse respeito, as ações necessárias para atingir o resultado final pretendido e as próprias capacidades pessoais têm papel importante na motivação de aprender ou mudar.

Esses tipos de crenças e expectativas influenciam o nível de esforço despendido pela pessoa ou o tempo que ela levará para lidar com situações novas ou problemáticas. Por exemplo, em atividades autônomas, as pessoas descrentes da sua capacidade de exercer um controle adequado das suas ações se inclinam a solapar os seus próprios esforços em situações que impõem capacidades.

Resumindo, a dimensão básica motivacional da aprendizagem inclui as crenças e as expectativas relacionadas aos componentes fundamentais da mudança:

1. A necessidade do resultado final pretendido.
2. Confiança em que as ações especificadas irão produzir o resultado desejado.
3. A avaliação do nível de adequação e da dificuldade de comportamento (independentemente do fato de se acreditar que aquilo vá produzir o resultado desejado).
4. A crença de que a pessoa é capaz de ter os comportamentos necessários.
5. A sensação de valor intrínseco ou de permissão que a pessoa sente em relação aos comportamentos exigidos e ao resultado final desejado.

Áreas de Crenças que Têm um Efeito Sobre a Motivação de Aprender

Questões de Motivação Relativas a Apresentações

Para participar e desempenhar da melhor maneira possível, o membro do grupo deve: a) **querer** estar envolvido no processo de aprendizagem; b) saber **como** ativar e aplicar as técnicas e estratégias importantes relativas aos instrumentos e procedimentos da aprendizagem; e c) ter a **possibilidade** de demonstrar e aplicar as técnicas necessárias. A pessoa não poderá ter um bom desempenho se não quiser, não puder ou, ainda, se não souber como fazer ou se não tiver a oportunidade de fazê-lo.

"*Querer fazer*" relaciona-se às crenças, valores e expectativas. Se a pessoa não compreender o objetivo da atividade ou meta da aprendizagem, vai resistir porque este objetivo não será percebido como adequado ou necessário. Se a pessoa não acreditar que é possível cumprir as exigências estabelecidas para o desempenho, terá uma atitude apática. E se ela não acreditar que tem capacidade para um bom desempenho poderá sentir-se estressada e ansiosa.

"*Saber como*" refere-se à competência inconsciente e consciente, às técnicas a serem aprendidas e a clareza e familiaridade da pessoa com os instrumentos e procedimentos da aprendizagem. Além da quantidade e da qualidade do material de treinamento, dos mapas cognitivos e das experiências de referência que forem oferecidas à pessoa, seu desempenho será influenciado pelas suas experiências prévias e pela familiaridade com os procedimentos de aprendizagem.

Ter a *"possibilidade de"* relaciona-se com o ambiente e o contexto de aprendizagem. O nível do apoio que a pessoa recebe, a quantidade de variabilidade do sistema e os instrumentos de que a pessoa dispõe determinarão a probabilidade de que uma capacidade será passível de ser interiorizada e aplicada. As exigências, interferências ou falta de apoio poderão impedir a pessoa de ter um bom desempenho dentro de um ambiente de aprendizagem específico.

Saber lidar com a motivação e a resistência durante uma apresentação envolve, essencialmente, saber lidar com essas questões de "querer", "saber como" e "ter a possibilidade de".

Resumo da Motivação e Resistências com Respeito à Aprendizagem

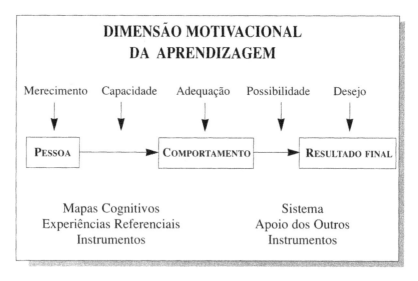

Pontos Principais

A dimensão motivacional básica da aprendizagem inclui crenças e expectativas relacionadas aos componentes fundamentais da mudança:

1. O desejo de atingir o resultado final.
2. A confiança em que as ações específicas vão produzir o resultado final.

3. A avaliação da adequação e da dificuldade de comportamento.
4. A crença de que a pessoa é capaz de ter os comportamentos necessários.
5. A percepção do valor próprio ou a permissão para assumir os comportamentos necessários e atingir o resultado desejado.

Técnicas Relacionais e de Comunicação para Lidar com Resistências e Interferências

A dinâmica de um grupo depende do contexto, da atitude, dos estados, dos processos cognitivos, dos canais de comunicação e das regras de interação entre os participantes. O apresentador pode criar um ambiente ou contexto que ajude a ampliar ou a restringir a participação do público.

É possível criar uma estrutura que incentive ou iniba, involuntariamente, tipos diferentes de estilos mentais. Por exemplo, estabelecer uma estrutura temporal pode incentivar ou inibir uma reação Sonhadora, Realista ou Crítica. Se o apresentador disser: "Eu gostaria de saber qual é o melhor sonho de vocês; cada um terá um minuto para falar!", isto pode ser contraditório ao processo que ele quer incentivar. Quando dizemos: "Gente, temos mais cinco minutos", o Realista terá mais possibilidade de se expressar do que o Sonhador.

Como analogia, Walt Disney tinha uma sala especial para incentivar a maneira de pensar "sonhadora". Não havia mesas. Havia quadros inspiradores nas paredes. Ele não permitia críticas ou pensamento negativos dentro daquela sala.

Existem vários tipos de operações que ajudam a estimular de maneira interativa e a orientar a participação em grupo:

* Fazer com que as pessoas participem, estimulando mais a ação física.

* Enfatizar o que é comum e o que é diferente entre pontos de vistas diversos.

* Fazer perguntas, expressar dúvidas e aprovação e provocar novas perspectivas.

* Oferecer instrumentos, ferramentas e recursos.

* Dar *feedback*, fazer propostas que exijam integração e síntese de idéias.

* Trocar canais de comunicação utilizando escrita, cartazes, quadros etc.

Assim, existem algumas restrições e regras de interação que podem favorecer amplas associações e expressão de idéias e perspectivas; por exemplo, não estabelecer uma estrutura temporal definida para discussão e não desqualificar mesmo as perguntas que pareçam "estúpidas". O apresentador também pode retirar as exigências da realidade, incentivando os exageros e o raciocínio "como se...", dizendo: "Mesmo que vocês não consigam imaginar, ajam como se pudessem". Também é útil incentivar o uso de metáforas em linguagem simbólica como já vimos nos capítulos anteriores.

Se surgir um problema ou se houver resistência por parte do grupo, há várias maneiras que o apresentador pode usar para influenciá-los a voltarem a participar.

- Reformular o problema ou o objetivo a partir de um ponto de vista diferente.

- Dar nova prioridade a critérios e valores.

- Modificar o nível do enfoque e identificar pressuposições limitadoras.

- Verificar os "elos perdidos".

- Segmentar para baixo, a fim de estabelecer subobjetivos, ou lidar com áreas parciais de espaço perceptivo.

- Modificar as perspectivas ou estados (utilizando humor, por exemplo).

- Trocar o canal representacional e incentivar o raciocínio lateral.

- Incentivar o raciocínio "como se...".

Metacomunicação

Outra estratégia útil para lidar com resistências ou interferências é o processo de metacomunicação, isto é, a comunicação sobre a comunicação. Este é um processo que é mais de nível macro do que o envio de uma metamensagem. A metacomunicação é geralmente uma afirmação verbal que estabelece uma estrutura ao redor de uma situação de comunicação, sob a forma de regras, orientações e expectativas. Essencialmente, trata-se de colocar uma estrutura para se poder fazer uma interação. O apresentador metacomunica a situação estabelecendo expectativas e pressuposições adequadas para o grupo. Antes de iniciar a apresentação ou discussão em grupo, ele pode decidir estabelecer algumas linhas diretrizes, regras de interação, de interpretação etc.

As metamensagens são uma espécie de subtexto que enfatiza alguns aspectos da mensagem não-verbal. Por exemplo, se a pessoa disser: "VOCÊ não estava respeitando as regras", enfatizando o você a partir da inflexão de voz, isso marca a comunicação como uma mensagem de nível de identidade. Ao dizer: "Você não estava respeitando as REGRAS", a pessoa estará enfatizando o nível de por que e como.

A metacomunicação, entretanto, seria dizer algo como: "Por que temos esta regra?", "Quais são os objetivos e as metas desta regra?", e iniciar uma discussão sobre as regras. A metacomunicação significa dizer algo do tipo: "É importante fazermos isto" ou, ainda, "A regra vai ajudá-lo a fazer isto". O grupo pode até mesmo discutir, em vez de enfatizar os vários níveis de experiência envolvidos na não-obediência da regra. Portanto, a metacomunicação esclarece a estrutura da comunicação.

Quando o apresentador se encontra em uma cultura muito diferente, ele poderá passar algum tempo metacomunicando antes de começar a apresentação ou discussão, a fim de estabelecer as estruturas para que as pessoas possam interpretar bem tanto as mensagens verbais quanto as não-verbais. Se a pessoa não oferecer nenhum ponto de referência, ficará apenas na esperança de que os participantes compartilhem o mesmo histórico cultural, para que possam interpretar de maneira adequada as mensagens.

Um estudo feito sobre os padrões de comunicação de líderes eficazes observou que quase metade era metacomunicação. Os líderes eficientes constantemente dizem coisas do estilo: "Eu vou falar a respeito disto...", "É assim que eu quero que vocês reflitam a respeito disto", "Gostaria que voltassem a atenção para isto...", "Gostaria que tivessem este tipo de expectativas". É como se eles estivessem criando uma nova estrutura antes de chegar ao ponto essencial. Como a interpretação e a compreensão daquele ponto era tão importante, eles precisaram verificar todo o espaço perceptivo ao seu redor, de maneira a evitar qualquer tipo de ambigüidade.

A quantidade da metacomunicação é uma escolha estratégica. Por exemplo, quando o apresentador se encontra em uma nova situação, ele pode passar mais tempo metacomunicando do que quando o apresentador está em uma situação que lhe é familiar.

A metacomunicação também inclui "falar a respeito" do que está acontecendo durante uma interação de comunicação, a fim de tornar consciente ou, ainda, de reconhecer algum incidente significativo. Assim, se o apresentador achar que há algo acontecendo em um grupo que possa parecer ambíguo, subjacente ou algo que está acontecendo que ele desconhece, ele pode escolher voltar atrás e esclarecer algumas dessas questões ou pressuposições por meio da metacomunicação feita a respeito da situação.

185

Resumo das Técnicas Relacionais e de Comunicação para Lidar com Resistências e Interferências

---

TÉCNICAS RELACIONAIS E DE COMUNICAÇÃO PARA LIDAR COM RESISTÊNCIAS E INTERFERÊNCIAS

- Assumir a "Segunda Posição"
- Reagir às "Intenções Positivas"
- "Reformulação"

Pontos Principais

Quando surgem problemas ou interferências durante o processo de aprendizagem em grupo, há um certo número de estratégias que o instrutor pode usar para aumentar ou ampliar o espaço perceptivo.

- Reformulação do problema ou objetivo, de um ponto de vista diferente.
- Repriorizar critérios ou valores.
- Modificar o nível do enfoque e descobrir as pressuposições limitadoras.
- Verificar os elos perdidos.
- Segmentar para baixo, a fim de estabelecer subobjetivos ou lidar com parte de uma idéia ou tarefa de aprendizagem.
- Modificar perspectivas ou estados (utilizando o humor, por exemplo).
- Modificar os canais de representação e incentivar o raciocínio lateral.
- Incentivar o raciocínio "como se...".

Alguns Princípios para Lidar com Resistências e Interferências

Existem alguns princípios importantes que devem ser lembrados, para ajudar a lidar com resistências e problemas que possam surgir durante a apresentação.

1. *O mapa não é o território*. Os seres humanos não conhecem a realidade. Conhecem apenas o que percebem da realidade. Sentimos e reagimos ao mundo que nos rodeia, basicamente, através dos nossos sistemas de representação sensoriais. São os nossos mapas de realidade que determinam a maneira como nos comportamos e que dão aos nossos comportamentos um significado, e não a realidade em si. Geralmente, não é a realidade que nos limita ou nos empobrece, e, sim, o nosso mapa da realidade.

2. *A vida e a mente são processos sistêmicos*. Os processos que acontecem no interior de um ser humano ou entre seres humanos e o ambiente em que vivem são sistêmicos. O nosso corpo, a nossa sociedade e o nosso universo formam subsistemas ecológicos complexos, que interagem e influenciam-se uns aos outros. Não é possível isolar completamente qualquer parte do sistema do resto dele. Esses sistemas baseiam-se em alguns princípios auto-organizadores e, naturalmente, perseguem estados de equilíbrio ideais ou homeostase.

3. *Em algum nível, todo comportamento é adaptador ou tem uma "intenção positiva"*. Isto é, ou ele é ou foi percebido como adequado a partir do contexto no qual foi estabelecido, do ponto de vista da pessoa que tem aquele comportamento. As pessoas fazem as melhores escolhas a partir das possibilidades e capacidades que percebem estar à sua disposição dentro do seu modelo de mundo. Qualquer comportamento, por mais louco, ruim ou estranho que possa parecer, é a melhor escolha possível para aquela pessoa naquele momento.

A sabedoria, a ética e a ecologia não dependem do fato de se ter um mapa correto ou certo do mundo, porque os seres humanos são incapazes de criar um mapa assim. Em vez disso, o objetivo é criar um mapa o mais rico possível que respeite a ecologia e a natureza sistêmica de nós mesmos e do mundo em que vivemos.

Portanto, ao lidar com resistências e problemas no interior de um grupo, é importante e útil fazer o seguinte:

1) Pressupor que todo comportamento tenha uma intenção positiva.

2) Separar os aspectos negativos do comportamento da intenção positiva subjacente.

3) Identificar e reagir à intenção positiva da pessoa resistente ou problemática.

4) Oferecer à pessoa outras escolhas de comportamento para atingir a mesma intenção positiva que ela tem.

Resumo de Alguns Princípios para Lidar com Resistências e Interferências

---

ALGUNS PRINCÍPIOS PARA LIDAR COM RESISTÊNCIAS E INTERFERÊNCIAS

- **O mapa não é o território. Todos têm um ponto de vista diferente do mundo e não existe um modelo "correto" do mundo.**

- **É útil conhecer o mapa das outras pessoas para comunicar e interagir com elas de maneira eficaz.**

- **As pessoas fazem as melhores escolhas disponíveis para elas a partir das possibilidades e capacidades que elas acham que estão à sua disposição.**

- **É importante separar o comportamento da pessoa da sua intenção positiva, e responder àquela intenção.**

- **As resistências e objeções são geralmente comunicações a respeito de intenções positivas que não estão sendo satisfeitas.**

Pontos Principais

Ao lidar com resistências e problemas no grupo, é importante e útil pressupor que:

1) Todo o comportamento tem uma intenção positiva.

2) Os aspectos negativos do comportamento são separados da intenção positiva que há por trás deles.

3) É melhor identificar e responder à intenção positiva da pessoa problemática ou resistente.

4) É possível oferecer à pessoa outras escolhas de comportamento para que ela possa atingir a mesma intenção positiva.

Fazer Observações ao Grupo

Observar os padrões dinâmicos de grupo pressupõe que se tenha um enfoque diferente do utilizado para observar pessoas, individualmente. Esta é uma técnica básica para apresentadores. Os padrões de observação de linguagem e comportamento nos outros é uma maneira importante de solidificar aquilo que foi aprendido e avaliar o que se sabe.

O exercício final que será indicado no próximo capítulo fornece a oportunidade de observar os padrões de dinâmica de grupo. Ele foi estruturado de tal maneira, que vários grupos de observadores olham uma representação daquilo que é conhecido como "Aquário". Um grupo de observadores vai prestar atenção aos padrões fisiológicos. Existem dois fatores de fisiologia que devem ser levados em consideração: os micro aspectos e os macro aspectos. Em nível micro, os observadores podem notar a metamensagem que uma pessoa está enviando em um momento específico a respeito do que aquela pessoa está enviando ou recebendo. Inclinando-se para a frente, afastando-se, gesticulando, são tipos diferentes de pistas comportamentais de metamensagens. E elas vão ocorrer em algum momento específico como uma forma de *feedback* sobre a experiência ou reação da pessoa àquilo que está acontecendo. É muito importante ser capaz de identificar a maneira como as mudanças fisiológicas da pessoa ocorrem em reação a um estímulo específico. Os observadores deverão verificar não apenas os tipos de pistas expressas pelas pessoas, mas também de que forma essas pistas mudam a partir da intervenção feita pelo líder da equipe. Eles também deverão observar a maneira como o apresentador usa, consciente ou inconscientemente, a fisiologia — postura ou gestos — para provocar ou moldar o caminho tomado do pelo processo em grupo.

Além das indicações comportamentais básicas feitas pelos participantes do grupo, é importante observar de que forma essas indicações se alteram, dependendo das intervenções do apresentador e das reações dos outros participantes. É importante, também, observar de que maneira o apresentador utiliza essas indicações para "calibrar" e liderar o grupo. Os observadores devem prestar atenção em como o apresentador usa a sua própria fisiologia para demonstrar neutralidade em algumas comunicações ou formar uma aliança com diferentes pessoas em momentos diversos, pelo processo de espelhamento e de acompanhamento e condução. O *rapport* em relação à pessoa ou perspectiva específica pode ser mostrado através do corpo, que depois se torna uma mensagem para o grupo.

No nível macro, os observadores devem notar padrões de fisiologia e movimento que existem entre as pessoas. Por exemplo: a quantidade de atividade que passa de uma pessoa para outra do grupo pode ser uma indicação de quanto elas estão realmente participando. Os padrões comportamentais no nível macro são indícios sobre o grupo, ao contrário da metamensagem, que são indícios de uma única pessoa.

Um segundo grupo de observadores deverá prestar atenção aos padrões cognitivos e estilos mentais expressos pelas pessoas. Que canais de representação estão sendo usados pelas pessoas? Que tipos de coisas estão sendo representadas de maneira verbal e lógica? Além do tipo de linguagem usado pela pessoa, alguém pode fazer um desenho, utilizando o canal visual, ou utilizar um modo mais metafórico de representação.

Um terceiro grupo de observadores deverá prestar atenção aos metaprogramas. De que maneira os membros pontuam as situações em termos da abordagem em direção a, afastando-se de, generalidades, detalhes, passado/futuro, longo prazo/curto prazo etc.? Além de observar os metaprogramas enfatizados por cada uma das pessoas, é importante observar em que seqüência eles acontecem e de que forma as pessoas mudam ou exageram seus metaprogramas em relação aos dos outros.

O quarto grupo de observadores deverá prestar atenção em como os níveis de processo são expressos em termos de onde, quando, o que, como, por que, quem. Mais especificamente, eles devem observar a diferença das informações e reações das pessoas, em níveis diferentes. Por exemplo, uma pessoa pode prestar atenção nas suas palavras no nível de o que, enquanto outra pode enfocar o nível de como ou por que. Além de observar que pessoas específicas fornecem pistas sobre os níveis diferentes (o que, como, por que, quem etc.), é útil observar em que seqüência as questões relacionadas a diferentes níveis são colocadas e tratadas, e em que ordem o apresentador lida com as questões relativas aos níveis.

Observe como o apresentador de maneira consciente ou inconsciente dirige-se ou reage aos diferentes níveis de enfoque. Em termos de controle do grupo, por exemplo, em que o apresentador enfoca primeiro: por que, quem, o que etc.? Ao observar a dinâmica do grupo, é muito importante notar de que forma os diferentes níveis de processo são administrados. Uma técnica básica para o apresentador é determinar que níveis devem ser controlados, a partir do espaço perceptível e do grupo de pessoas específicas que ali se encontram. A minúcia com que os diferentes níveis são cobertos geralmente determina o nível de alinhamento dos participantes tanto em relação à tarefa como ao relacionamento de uns com os outros. A minúcia do controle baseia-se em: a) que níveis são examinados; b) até que profundidade cada nível é coberto (por exemplo, eu/outros, longo prazo/curto prazo, o que está sendo abordado/o que está sendo evitado etc.); e c) quantos participantes do grupo estão envolvidos na definição de cada um dos níveis.

O objetivo de fazer observações em grupo não é o de julgar o desempenho do apresentador ou dos participantes, e, sim, de contribuir para a percepção do processo de grupo por todos os seus membros (incluindo outros observadores).

As pessoas envolvidas também podem passar para a posição de observadoras durante ou após o processo de grupo, a fim de desenvolverem uma metacognição e expandirem o mapa da situação.

Resumo do Fazer Observações ao Grupo

OBSERVAÇÃO DOS
PADRÕES DINÂMICOS DO GRUPO

Fisiologia:
- Quais são as pistas dadas pelos participantes?
- Como eles se modificam em relação às intervenções do apresentador?
- De que maneira o apresentador utiliza essas pistas e outras para estimular/liderar o grupo?

Canais de representação:
- Quais os canais de representação usados pelos participantes?
- De que maneira o apresentador "lida com" o uso dos canais de representação (acompanhamento *versus* orientação)?

Níveis Lógicos:
- Quem se concentra no "o que", "como", "por que"?
- De que maneira o apresentador "lida" com esses níveis (com que níveis em primeiro lugar e em último lugar)?

Estilos Mentais:
- Que tipo de estilos mentais são usados pelos participantes?
- Que padrões de interação existem entre os participantes?
- De que maneira o modo de pensar de um dos participantes se modifica em reação às mensagens ou metamensagens de outro participante?

Pontos Principais

Os padrões de observação de linguagem e comportamento dos outros são uma maneira importante de aprender e avaliar aquilo que você sabe. É também uma técnica importante para instrutores.

A observação de padrões dinâmicos nos grupos pressupõe um enfoque diferente da observação das pessoas, individualmente.

Além das pistas micro e macrocomportamentais dadas pelos participantes do grupo, é importante observar a maneira como eles mudam a partir das intervenções do instrutor e da reação dos outros participantes. Também é importante observar de que maneira o instrutor utiliza essas pistas para "calibrar" e conduzir o grupo.

Além de observar quais são as pessoas que oferecem pistas, e em que níveis (o que, como, por que, quem etc.), é útil observar a seqüência em que as questões relativas aos diferentes níveis são colocadas e tratadas, e em que ordem um instrutor lida com as questões relativas a níveis.

Além de observar os metaprogramas enfatizados individualmente, é importante também notar a seqüência com que eles aparecem e de que maneira as pessoas mudam ou exageram os seus metaprogramas com relação aos dos outros.

Lidar com as Diferentes Formas de Pensar do Grupo

Uma técnica importante de comunicação e de relacionamento é a que permite identificar e reproduzir ou influenciar a maneira de pensar dos participantes. Uma consideração importante a ser feita pelo apresentador é ver como antecipar e "embrulhar" informações a fim de que elas se adaptem a diferentes estilos de pensamento. A capacidade de lidar com diferentes estilos de pensar é especialmente pertinente durante discussões interativas.

Conhecer previamente o estilo de pensamento do público pode ajudar a modificar a estratégia do apresentador. Se ele desconhecer os estilos mentais dos participantes, deverá prestar mais atenção a eles. Caso ele os conheça poderá fazer um planejamento prévio e concentrar-se mais na estratégia.

É importante que o apresentador desenvolva a capacidade de assumir a "segunda posição" em vários estilos mentais diferentes (tais como o Sonhador, o Realista e o Crítico) para ser capaz de compreender e dirigir os processos de aprendizagem dos membros do grupo. Os princípios fundamentais para dirigir de maneira efetiva a atividade do grupo em direção a um objetivo comum são "acompanhamento e condução" e "reconhecimento e adição".

O "Sonhador" , o "Realista" e o "Crítico" fornecem uma tipologia de estilos mentais mais comuns, relevantes para o ambiente da apresentação. Os apresentadores ficam mais à vontade com um estilo do que com outro. Os estilos de pensamento específicos não são um tipo de personalidade e sim uma expressão da tendência da pessoa em representar ou expressar uma certa atitude ou metaprograma dentro do grupo. Essa tendência é geralmente moldada por influências dinâmicas que vêm de outros membros do grupo e do apresentador.

No próximo exercício vamos examinar a aplicação das técnicas que vêm sendo desenvolvidas em uma situação que engloba pessoas com diferentes estilos mentais. O objetivo é examinar a maneira de aplicar alguns dos modelos e diferenciações para administrar o processo de aprendizagem do grupo. O apresentador vai indicar uma tarefa de aprendizagem complexa e lidar com as resistências que possam surgir. O objetivo do apresentador é reconhecer e especificar cada um dos estilos mentais de maneira que possa contribuir de forma construtiva para o processo de aprendizagem do grupo como um todo.

Outra técnica útil para o apresentador, sobretudo em relação a situações difíceis ou problemáticas, é a técnica da "metaposição". A "metaposição" é a posição do observador na qual a pessoa não apenas observa a si mesma, mas também aos outros. A metaposição é um processo útil que facilita a percepção e a "metacomunicação". Na "metaposição", a pessoa abandona o seu papel na interação e torna-se o seu próprio observador. Rever o comportamento da pessoa a partir do ponto de vista de observador leva a criar uma perspectiva diferente e uma nova percepção.

O objetivo desta representação de papéis é examinar mais detalhadamente o tipo de questões e operações que possam estar envolvidas na coordenação de vários estilos mentais, para conseguir resolver uma tarefa de aprendizagem complexa. O exercício inclui quatro participantes que vão representar uma situação diante do grupo, de formato "Aquário". O resto do grupo deverá observar e prestar atenção em vários tipos de padrões. Um dos grupos prestará atenção na fisiologia; outro, nos diferentes níveis de interação; e um terceiro observará o tipo de metaprogramas e estilos mentais.

Este formato é muito efetivo para integrar a aprendizagem que vem se acumulando durante o curso e aprofundar o *insight* para os tipos de microtécnicas que são úteis para lidar com o processo do grupo. A prática interativa geralmente provoca tanto a competência inconsciente como a incompetência inconsciente. A representação possibilita criar uma forma na qual muitas das técnicas, distinções e princípios de administração dos processos de grupo possam ser demonstradas de maneira experimental, avaliadas e refinadas. A representação é uma outra maneira de agir "como se", que implica um profundo compromisso da "neurologia", sem, entretanto, ficar muito envolvido no conteúdo. A representação geralmente tem um valor simbólico que melhora outros níveis de aprendizagem.

Ao colocar em prática a representação, é uma boa idéia transformar a tarefa em algo que seja familiar o suficiente, de maneira que as pessoas não precisem de nenhum conhecimento técnico.

Os papéis incluem o apresentador e pessoas que têm estilos mentais de Sonhador, Realista e Crítico. A representação de diferentes estilos mentais pode fornecer um *insight* maior na experiência dos outros.

Os participantes terão cinco minutos para se preparar, utilizando o grupo de metaprogramas indicado abaixo como guia para representar a atitude e estilo mental apropriados.

	SONHADOR	REALISTA	CRÍTICO
	O que	*Como*	*Por que*
Preferência Representacional	Visão	Ação	Lógica
Abordagem	Em direção a	Em direção a	Fugindo de
Estrutura Temporal	Longo prazo	Curto prazo	Longo e curto prazos
Orientação Temporal	Futuro	Presente	Passado/Futuro
Referência	Interna/Eu	Externa/Ambiente	Externa/Outros
Modo de Comparação	Equivalência	Equivalência	Assimetria

O objetivo do apresentador durante os 15 minutos de preparação é tentar coordenar os diferentes estilos mentais e estimular todo o grupo a compreender e a participar do trabalho.

A representação, em si, vai acontecer entre 10 e 15 minutos, com pausas para as observações a serem feitas por parte dos observadores. O tempo de 10 a 15 minutos permite uma interação longa o suficiente para obter alguns exemplos de padrões em um nível microinterativo, mas não longo demais para evitar que os observadores fiquem cansados.

Resumo do Lidar com Diferentes Formas de Pensar do Grupo

EXERCÍCIO DE "AQUÁRIO": REPRESENTAÇÃO DA APRESENTAÇÃO

Objetivo: apresentar uma tarefa de aprendizagem e lidar com resistências

Papéis:
- Apresentador: Administra a dinâmica de grupo
- Sonhador
- Crítico
- Realista

Quatro grupos de observadores observam as diferentes pistas
- Fisiologia
- Canais de representação
- Níveis lógicos
- Estilos mentais

Pontos Principais

O apresentador deve estar atento para prever e "embrulhar" informação a fim de se adaptar aos diferentes estilos mentais.

Se o apresentador sabe que está utilizando um estilo mental específico, ele deve adiantar-se e preparar-se para a reação dos outros.

O acompanhamento e a condução são a maneira mais eficaz de lidar com vários estilos mentais diferentes.

A prática interativa geralmente faz surgir tanto a competência inconsciente quanto a incompetência inconsciente.

A representação de diferentes estilos mentais pode possibilitar um maior *insight* sobre a experiência das outras pessoas.

12

CONCLUSÃO

Princípios de Apresentações Eficazes

O objetivo deste livro é examinar alguns dos princípios e padrões relacionados a apresentações eficazes no contexto da aprendizagem. A aprendizagem depende da criação de mapas cognitivos formados a partir das nossas representações internas e da linguagem, para, em seguida, fazer uma ligação entre elas e as nossas experiências de referência. Ao identificar padrões importantes relacionados a representações internas, à linguagem e à fisiologia desenvolvemos um grupo de ferramentas com as quais melhorar as técnicas de comunicação relacionadas a representações eficazes.

À medida que as situações mudam, é necessário ajustar a maneira como lidamos com elas para reagir de maneira eficaz. Processos que produzem um resultado em uma situação nem sempre produzem o mesmo resultado em um contexto diferente. Os elementos dos processos precisam ser acrescentados ou adaptados. Assim, é necessária uma quantidade mínima de flexibilidade para lidar com a mudança nos sistemas dos quais fazemos parte.

Começamos examinando algumas técnicas básicas de apresentação e certas competências conscientes e inconscientes associadas a apresentações. Concluímos que os desempenhos eficazes incluem o estabelecimento de objetivos. Se não houver uma direção ou um resultado desejado para as nossas ações, é difícil ser eficaz. Em outras palavras, se você apenas sabe aquilo que não deseja, e não sabe aquilo que deseja, é difícil agir de maneira eficaz.

Concluímos, também, que o desempenho eficaz inclui igualmente a criação de indícios que nos demonstrem que atingimos os nossos objetivos. A apresentação eficaz acontece em um círculo de *feedback* que existe entre os objetivos, as idéias, as ações e as percepções. O modelo TOTS é uma maneira de organizar a apresentação em termos de objetivos, indícios, operações e reações a problemas que caracterizam o processo eficaz.

Depois, examinamos a maneira de utilizar alguns dos vários tipos de canais de representação e experiências de referência. Estabelecemos que os diferentes canais por meio dos quais fazemos e comunicamos os mapas cognitivos podem abrir espaços perceptivos ou criar confusão, e examinamos também o valor de modos alternativos de representações, tais como metáforas e expressões simbólicas.

Estabelecemos a importância da relação entre os mapas cognitivos com as experiências de referência significativas e a importância da técnica de ancoragem ao processo. Também estabelecemos a importância do estado interno dos participantes e das técnicas observacionais do apresentador em relação à "calibragem" das pistas macro e microcomportamentais do público.

A relação e o *rapport* do apresentador com o público é outro fator significativo que pode ser facilitado pelas técnicas de "acompanhamento e condução" e "segunda posição". Tanto a comunicação como a relação podem ser melhoradas com a habilidade do apresentador de lidar com a comunicação verbal e não-verbal e relacionar mensagens com as suas metamensagens associadas.

Além da atenção voltada para o público, os apresentadores eficazes também devem aplicar algumas técnicas pessoais, relacionadas ao controle do seu próprio estado interno e da sua capacidade de planejar e preparar as apresentações de maneira eficaz. As técnicas de "análise comparativa" e de "círculo de excelência" são instrumentos poderosos para que o apresentador possa controlar o seu próprio estado mental. O ciclo criativo de Disney — do Sonhador, do Realista e do Crítico — não apenas ajudará os apresentadores a planejar as apresentações com eficácia, como também fornece uma maneira útil de categorizar estilos de aprendizagem e de pensamentos diferentes.

Reconhecemos o fato de que diferentes pessoas possuem estilos e estratégias diferentes de aprendizagem e de apresentação. Uma das técnicas essenciais durante a preparação de uma apresentação eficaz inclui a interação com pessoas que têm diferentes tipos de estratégias de aprendizagem. Outra técnica primordial inclui a coordenação de tipos diferentes de estilos de ensino e de aprendizagem. Alguns estilos e estratégias são eficazes em algumas situações e não em outras. Um dos objetivos deste livro é sugerir maneiras de melhorar e aumentar as técnicas de comunicação e de relacionamento em si mesmo e nos outros. Ao interagir com outras pessoas que possuem estratégias diferentes, você poderá encontrar elementos que enriqueçam as suas próprias capacidades.

Os processos de "recapitulação" e "equivalência e tradução" das palavras-chave usadas pelos participantes são técnicas básicas na liderança de um grupo.

Lidar com a resistência e a motivação no grupo depende da capacidade do apresentador em identificar áreas importantes de crenças nos participantes e separar o comportamento das intenções positivas.

Alguns Princípios Operacionais de Comunicação Eficaz

Podemos definir, resumidamente, três princípios operacionais gerais de apresentações eficazes:

1. Estrutura de resultado final — Manter a orientação e direção ao objetivo futuro que se quer atingir, em vez de prestar atenção ao problema que se quer evitar. Mesmo quando se trata de evitar um problema, é importante fazê-lo dentro de uma visão mais ampla e do contexto do estado do objetivo desejado.

2. *Feedback versus* fracasso — Se uma abordagem específica não der resultado, a falha poderá nos indicar como ser bem-sucedido (aprendendo com os erros). Às vezes é necessário fazer algo que sabemos que não vai dar certo para obter o *feedback* necessário a fim de dar o próximo passo.

3. Estrutura de flexibilidade — a) Sempre se deve ter duas opções antes de começar a aplicar uma operação específica; e b) "Se o que você está fazendo não está funcionando, faça algo diferente — faça qualquer coisa diferente". Qualquer outra coisa é melhor do que a que se estava fazendo anteriormente, no caso de já ter sido demonstrado que ela não funciona.

O primeiro princípio geral é que as apresentações eficazes são orientadas para o objetivo. Mesmo se o objetivo da apresentação relacionar-se a evitar algo, é necessário evitá-lo fazendo referência a algum tipo de objetivo. Ou seja, mesmo quando tentamos solucionar um problema, é necessário fazer isto em um contexto de estado desejado mais amplo.

O segundo princípio geral é que uma apresentação eficaz exige *feedback* com relação a uma estrutura de fracasso. A aprendizagem é um processo contínuo que exige *feedback*. Dependendo da natureza do resultado desejado, pode levar mais ou menos tempo para se chegar a um objetivo específico. É importante saber diferenciar o processo dos resultados da aprendizagem. A aprendizagem não está apenas relacionada a resultados imediatos, ela depende de um círculo de *feedback* contínuo. Às vezes é necessário fazer algo que sabemos que não vai dar resultado para obter o *feedback* necessário a fim de poder progredir.

O terceiro princípio geral é o da flexibilidade. Geralmente, é útil ter opções já planejadas antes de iniciar algo, para não se ter de reagir a problemas posteriormente. Apresentações eficazes dependem de uma gama de possibilidades, antes de começar. O princípio de flexibilidade também se relaciona com a "lei da variabilidade" da teoria de sistemas. É importante ter um nível de variabilidade proporcional a possíveis mudanças ou incertezas do sistema. Colocando de maneira mais simples: "Se o que você está fazendo não está dando resultados, faça algo diferente". Faça qualquer coisa diferente, porque se você já viu que o que está fazendo não está funcionando, não há por que continuar a provar isto a si mesmo. Praticamente, qualquer coisa seria uma escolha melhor do que aquilo que você está fazendo atualmente.

Implicações do Princípio de Flexibilidade

Uma implicação importante relativa à flexibilidade na comunicação é que NÃO EXISTE O QUE SE CHAMA DE ALUNOS RESISTENTES; EXISTEM APENAS APRESENTADORES, INSTRUTORES, PROFESSORES INFLEXÍVEIS. Você já tentou conversar com alguém sem conseguir fazê-lo entender o que está dizendo? Se você encontrar uma barreira desse tipo, tente outra abordagem. Assim que surgir um comportamento que você não consiga desempenhar, há uma reação que você não consegue eliciar. SE O QUE VOCÊ ESTÁ FAZENDO NÃO O ESTÁ AJUDANDO A ATINGIR O SEU OBJETIVO, FAÇA ALGO DIFERENTE. Embora esses princípios possam parecer conselhos sensatos, você ficaria surpreso com o número de pessoas que repete sem cessar uma ou duas técnicas, simplesmente porque em alguma ocasião elas deram um bom resultado.

O último princípio a ser levado em consideração quando se está estabelecendo objetivos finais e variando o comportamento é que O SIGNIFICADO DA SUA COMUNICAÇÃO É A REAÇÃO QUE VOCÊ CONSEGUE PROVOCAR, INDEPENDENTE DAQUILO QUE VOCÊ PRETENDIA COM A COMUNICAÇÃO. Às vezes, quando a pessoa está tentando ser útil ou delicada, a outra pessoa pode interpretar mal ou reagir de maneira contrária. Em vez de ficar zangado ou chateado, FAÇA ALGO DIFERENTE. As pessoas com as quais nos comunicamos não conseguem ler a nossa mente. Se a pessoa reage com irritação ou desconfiança, este é o resultado da sua comunicação com ela, e se você desejar provocar uma reação diferente, modifique o seu próprio comportamento até que a reação obtida adapte-se ao objetivo que você deseja atingir.

O grande filósofo grego Aristóteles afirmava que o orador eficaz tem que possuir três habilidades básicas: "1) raciocinar de maneira lógica; 2) entender o caráter humano; e 3) entender as emoções. Essas capacidades são tão importantes hoje em dia quanto o eram há dois mil e quinhentos anos. O objetivo deste livro é ajudar o leitor a desenvolver algumas das técnicas básicas que corroboram essas habilidades. Espero que elas lhe sejam úteis.

Resumo dos Princípios de Apresentações Eficazes

RESUMO DE ALGUNS PRINCÍPIOS GERAIS DE APRESENTAÇÃO

- **As pessoas aprendem por meio da ligação de mapas cognitivos a experiências de referência.**
- **Os mapas cognitivos são feitos de representações sensoriais e de linguagem.**
- **As experiências de referência compõem-se de experiências criadas, contínuas ou lembradas.**
- **Qualquer processo eficaz de aprendizagem ou de apresentação tem uma estrutura que consiste de:**
  - Um objetivo.
  - Evidências (avaliações relativas aos resultados atingidos).
  - Operações para ir em direção ao objetivo desejado.

Pontos Principais

A aprendizagem diz respeito à maneira como construímos os nossos mapas do mundo.

Como as situações mudam, devemos continuamente adaptar os nossos mapas.

Mapas que são eficazes em um contexto podem não o ser em outro.

Os nossos mapas possuem uma estrutura baseada em padrões cognitivos, lingüísticos e fisiológicos.

Os nossos processos mentais são organizados ao redor de um círculo de *feedback* voltado para um objetivo básico chamado TOTS.

Resumo dos Princípios de
Apresentações Eficazes *(continuação)*

ALGUNS PRINCÍPIOS BÁSICOS OPERACIONAIS DE APRESENTAÇÕES EFICAZES

1. **O princípio do resultado final:**
   - Os objetivos estimulam e direcionam a atividade.
2. **O princípio de *feedback*:**
   - Não há fracasso, apenas *feedback*.
3. **O princípio de flexibilidade, a lei da variabilidade essencial:**
   - Se o que você está fazendo não está dando certo, faça algo diferente.

Pontos Principais

No nível macro existem alguns princípios e atitudes básicas relacionadas ao processo eficaz de ensino e aprendizagem.

Enquanto o estímulo para aprender algo pode ser o de ir em direção a ele ou evitar algo, a sua eficácia resulta em atingir um espaço de solução ou resultado positivo.

Na estrutura de aprendizagem não existe fracasso. Ao contrário, a falta de sucesso é percebida como: a) uma solução a um problema diferente; ou b) o *feedback* que nos fornece a informação sobre o que precisa ser ajustado ou a maneira como ele deve ser ajustado.

A aprendizagem relaciona-se profundamente à descoberta de novas escolhas. É importante possuir várias opções antes de começar algo. Ter uma opção é sempre melhor do que não ter nenhuma.

Se o que você está fazendo não está dando certo, então, faça algo diferente.

Bibliografia

ASHBY, W. *Introduction to Cybernetics*. Ross, Chapman & Hall, Ltd., Londres, 1956.

ASHBY, W. *Design for a Brain*. Ross, Chapman & Hall, Ltd., Londres, 1960.

ARISTÓTELES. *On the Soul*. Britannica Great Books, Encyclopedia Britannica Inc., Chicago Ill., 1979.

BARON, J. & STERNBERG, T. *Teaching Thinking Skills*. (Eds.). W. H. Freeman and Company, Nova York, 1987.

BATESON, GREGORY. *Mind and Nature*. E. P. Dutton, Nova York, 1979.

BATESON, G. *Steps to an Ecology of Mind*. Ballantine Books, Nova York, 1972.

BRUCE, JOYCE & MARSHA, WEIL. *Models of Teaching*. Prentice Hall, Inc., Englewood Cliffs, Nova Jersey, 1986.

DILTS, R. & BONISSONE G. *Skills for the Future*. Meta Publications, Capitola, Califórnia, 1993.

DILTS, R. B.; EPSTEIN, T.; DILTS, R. W. *Tools for Dreamers: Strategies for Creativity and the Structure of Invention*, Meta Publications, Cupertino, Califórnia, 1991.

DILTS, R. *Applications of NLP*. Meta Publications, Capitola, Califórnia, 1983.

DILTS, R.; GRINDER, J.; BANDLER, R.; DELOZIER, J. *Neuro-Linguistic Programming: The Study of the Structure of Subjective Experience,* Volume I. Meta Publications, Capitola, Califórnia, 1980.

DILTS, R. *Walt Disney; The Dreamer, The Realist and The Critic*. Dynamic Learning Publications, Ben Lomond, Califórnia, 1990.

DILTS, R. *Overcoming Resistance to Persuasion with NLP*, Joseph Yeager, 1990, Dynamic Learning Publications, Ben Lomond, Califórnia.

DILTS, R. *The Parable of the Porpoise: A New Paradigm for Learning and Management*. Dynamic Learning Publications, Ben Lomond, Califórnia, 1990.

DILTS, R. *Let NLP Work for You*, 1982, *Real Estate Today*, February 1982, Volume 15, November 2.

DILTS, R. *Neuro-Linguistic Programming in Organizational Development*, 1979, Organizational Development Network Conference Presentation Papers, Nova York.

DILTS, R. & EPSTEIN, T. *NLP In Training Groups*. Dynamic Learning Publications, Ben Lomond, Califórnia, 1989.

MILLER, G.; GALANTER, E.; PRIBRAM, K. *Plans and the Structure of Behavior*. Henry Holt & Co., Inc., 1960.

WIENER, N. *Cybernetics*. The M.I.T. Press, Cambridge, Massachusetts, 1965.

WILLIAM, JAMES. *Principles of Psychology*. Britannica Great Books, Encyclopedia Britannica Inc., Chicago Ill., 1979.

leia também

INTRODUÇÃO À PROGRAMAÇÃO NEUROLINGÜÍSTICA
COMO ENTENDER E INFLUENCIAR AS PESSOAS
Joseph O'Connor e John Seymour

A programação neurolingüística procura entender por que determinadas pessoas aparentemente demonstram maior capacidade do que outras, descrevendo seus mecanismos de modo que outros possam utilizá-los. Este livro mostra técnicas essenciais para o desenvolvimento pessoal e a boa qualidade no campo do aconselhamento, educação e negócios.
REF. 10471   ISBN 85-323-0471-0

O MÉTODO EMPRINT
UM GUIA PARA REPRODUZIR A COMPETÊNCIA
Leslie Cameron-Bandler, David Gordon e Michael Lebeau

Um livro de programação neurolingüística destinado a abrir caminhos para se obter novas habilidades, talentos e aptidões. Um método para transformar possibilidades em realizações mediante a aquisição de novos padrões mentais de auto-ajuda.
REF. 10396   ISBN 85-323-0396-X

MODERNAS TÉCNICAS DE PERSUASÃO
A VANTAGEM OCULTA EM VENDAS
Donald J. Moine e John H. Herd

O processo de vendas é muito mais do que um processo racional, já que o emocional é básico para uma boa venda. O treino especial, ou a verdadeira "mágica de vendas" descrita neste livro, possibilitará ao vendedor uma maior interação com o cliente e, como resultado, um grande sucesso de vendas.
REF. 10324   ISBN 85-323-0324-2

TREINANDO COM A PNL
RECURSOS DE PROGRAMAÇÃO NEUROLINGÜÍSTICA PARA ADMINISTRADORES, INSTRUTORES E COMUNICADORES
Joseph O'Connor e John Seymour

As rápidas mudanças da tecnologia e do desenvol-vimento organizacional indicam que 75% das pessoas que hoje trabalham precisarão de treinamento nos próximos dez anos. Os programas de treinamento são uma das formas mais eficientes para o aprendizado de novas habilidades e conhecimentos necessários no futuro. A PNL oferece instrumentos para desenvolver e modelar estas habilidades.
REF. 10483   ISBN 85-323-0483-4

www.gruposummus.com.br